幽雅阅读 ⑤

雨中春树人家

品味华夏古建筑

王其钧 著

图书在版编目（CIP）数据

雨中春树人家：品味华夏古建筑 / 王其钧著 . — 北京：北京大学出版社，2017.7
（幽雅阅读）
ISBN 978-7-301-28425-4

Ⅰ . ①雨… Ⅱ . ①王… Ⅲ . ①古建筑—介绍—中国 Ⅳ . ① K928.71

中国版本图书馆 CIP 数据核字 (2017) 第 137273 号

书　　　名	雨中春树人家：品味华夏古建筑 Yuzhong Chunshu Renjia
著作责任者	王其钧　著
策 划 编 辑	杨书澜
责 任 编 辑	闵艳芸
标 准 书 号	ISBN 978-7-301-28425-4
出 版 发 行	北京大学出版社
地　　　址	北京市海淀区成府路 205 号　100871
网　　　址	http://www.pup.cn　　新浪微博：@北京大学出版社
电 子 信 箱	minyanyun@163.com
电　　　话	邮购部 62752015　发行部 62750672　编辑部 62752824
印 刷 者	北京中科印刷有限公司
经 销 者	新华书店
	787 毫米 ×1092 毫米　A5　8.5 印张　151 千字 2017 年 7 月第 1 版　2024 年 4 月第 2 次印刷
定　　价	68.00 元

未经许可，不得以任何方式复制或抄袭本书之部分或全部内容。
版权所有，侵权必究
举报电话：010-62752024　电子信箱：fd@pup.pku.edu.cn
图书如有印装质量问题，请与出版部联系，电话：010-62756370

总序

幽雅阅读

北京大学副校长　吴志攀

　　一杯清茶、一本好书，让神情安静，寻得好心情。

　　躁动的时代，要寻得身心安静，真不容易；加速周转的生活，要保持一副好心情，也很难。物质生活质量比以前提高了，精神生活质量呢？不一定随物质生活提高而同步增长。住房的面积大了，人的心胸不一定开阔。

　　保持一个好心情，不是可用钱买到的。即便有了好心情，也难以像食品那样冷藏保鲜。每一个人都有自己高兴的方法：在北方春日温暖的阳光下，坐在山村的家门口晒晒太阳；在城里街边的咖啡店，与朋友们喝点东西，天南地北聊聊；精心选一盘江南丝竹调，用高音质音响放出美好乐曲；人人都回家的周末，小孩子在忙功课，妻子边翻报纸边看电视，我倒一杯清茶，看一本好书，享受幽雅阅读时光。

离家不远处，有一书店。店里的书的品位，比较适合学校教书者购买。现在的书，比我读大学时多多了；书的装帧，也比过去更讲究了；印书的用纸，比过去好像也白净了许多。能称得上好书者，却依然不多。一般的书，是买回家的，好书是"淘"回家的。

何谓要"淘"的好书？仁者见仁，智者见智。依我之管见，书者，拿在手上，只需读过几行，便会感到安稳，心情如平静湖面上无声滑翔的白鹭，安详自在。好书者，乃人类精神的安慰剂，好心情保健的灵丹妙药。

在笔者案头上，有一本《水远山长：汉字清幽的意境》，称得上好书。它是"幽雅阅读"丛书中的一本，作者是台湾文人杨振良。杨先生祖籍广东平远，2004年猴年是他48岁的本命年。台湾没有经过大陆的"文革"，中国传统文化在杨先生这一代人知识与经验的积累中一直传承下来，没有中断，不需接续。

台湾东海岸的花莲，多年前我曾到访过那里：青山绿水，花香鸟鸣。作者在如此幽静的大自然中写作，中国文字的诗之意境，词之意趣，便融入如画的自然中去了。初读这本书的简体字书稿，意绪不觉随着文字，被带到山幽水静之中。

策划这套书的杨书澜女士邀我作序，对我来说是一个机缘，步入这套精美的丛书之中，享受作者们用情感文字搭建的"幽雅阅读"想象空间。这套书包括中国的瓷器、书法、国画、建筑、园林、家具、服饰、乐器等多种，每种书都传达出独特的安逸氛围。但整套书之间，却相互融合。通览下来，如江河流水，汇集于中国古代艺术的大海。

笔者不是中国艺术方面的专家，更不具东方美学专长，只是这类书籍不可救药的一位痴心读者。这类好书对于我，如鱼与水，鸟与林，树与土，云与天。在生活中，我如果离开东方艺术读物，便会感到窒息。

中国传统艺术中的诗、书、画、房、园林、服饰、家具，小如"核舟"之精微，细如纸张般的景德镇薄胎瓷，久远如敦煌经卷上唐墨的光泽，幽静如杭州杨公堤畔刘庄竹林中的读书楼，一切都充满着神秘与含蓄之美。

几千年来古人留下的文化，使中国人有深刻的悟性，有独特的表达，看问题有特别的视角，有不同于西方人的简约。中国人有东方的人文精神，有自己的艺术抽象，有自己的文明源流，也有和谐的生活方式。西方人虽然在自然科学领域，在明清时代超过了中国。但是，他们在工业社会和后现代化社会，依然不能离开宗教而获得精神的安慰。中国人从古至今，不依靠宗教而在文化艺术中获得精神安慰和灵魂升华。通过这些可物化可视觉的幽雅文化，并将它们融入日常生活，这是中国文化的艺术魅力。

难道不是这样吗？看看这套书中介绍的中国家具，既可以使用，又可以作为观赏艺术，其中还有东西南北的民间故事。明代家具已成文物，不仅历史长，而且工艺造型独特。今天的仿制品，虽几可乱真，但在行家眼里，依然无法超越古代匠人的手艺。现代的人是用手做的，古代的人是用心做的。当今高档商品房小区，造出了假山和溪水，让居民在窗口或阳台上感受到"小桥流水人家"，但是，远在历史中的诗情画意是用精神感悟出来的意境，都市里的人难以重见。

现代中国人的服饰水平，有时也会超过巴黎。但是，超过了又怎样呢？日本人的服装设计据说已赶上法国，韩国人超过了意大利。但是，中国服装特有的和谐，内在的韵律，飘逸的衣袖，恬静的配色，难以用评论家的语言来解释，只能够"花欲解语还多事，石不能言最可人"。

在实现现代化的进程中，我们千万不要忽视了自己的文化。年近花甲的韩国友人对笔者说，他解释中国的文化是"所有该有的东西都有的文化"，美国文化是"一些该有的东西却没有的文化"。笔者联想到这套"幽雅阅读"丛书，不就是对中国千年文化遗产的一种传播吗？感谢作者，也感谢编辑，更感谢留给我们丰富文化的祖先。

阅读好书，可以给你我一片幽雅安静的天地，还可以给你我一个好心情。

2004 年 12 月 8 日于北大蓝旗营

目录

总序　幽雅阅读　吴志攀　*iii*

引言　*1*

私家园林　深窈秀美世外桃源　*3*
皇家园林　锦绣江山演变铺列　*21*
佛塔建筑　蕴涵禅悟静观世事　*41*
民居建筑　起起落落演绎不尽　*54*
景亭楼阁　情以致远妙景横生　*80*
陵墓建筑　千年沉寂祈盼永福　*95*
学府书院　古朴清幽蕴藏哲理　*110*
宗教建筑　肃穆密境天界仙境　*122*
万里长城　千古雄浑尽显浩然　*135*
戏台建筑　四方一角幻化起落　*147*

桥梁建筑	古朴风情小桥流水	162
宫殿建筑	辉煌壮丽雄踞世间	181
礼制建筑	至诚不苟祭祀尊神	200
城池建筑	历尽沧桑固防自守	214
装饰手法	祥和意美永续佳境	229
结构形式	历史注脚遗韵未尽	243

"幽雅阅读"丛书策划人语　257

引言

"一沙一世界,一花一天国",真可以说是花鸟画表现的最高境界,对于琳琅满目的画来说,我总是心存芥蒂。从事绘画、建筑研究这么多年来,我总是寻找一种能够从容优雅地来完成二者结合的审美情趣。因此很感谢杨书澜老师邀请我来完成这样一件净化心灵、赏心悦目的事情。我深为这套书轻松淡泊的笔调,浑成融贯的内容所折服。希望我的这本书也能带给您不一样的品位,它透露着纯真爽朗,境界阔大,情致高雅的韵味,使你在不知不觉中感受到飘然欲仙的愉悦轻松。

世界是无穷尽的,生命是无穷尽的,艺术的境界也是无穷尽的。建筑作为艺术的形式之一，总是要在生活中捕捉灵动的细节，加以艺术的糅合来达到审美的效果。建筑艺术的情调有如一场盛大的交响乐，是一门综合的复杂艺术。尽管苦学多年，至今对于建筑艺术我也只是一知半解，但愿尽些微薄之力供大家消遣。

  生活是一部实实在在的百科全书，从中我们可以看到和学到很多东西，生活即是美的，艺术则来源于生活，我们就是那游走在天地间的精灵，感受生活，品味艺术，虽然实在是平凡不过的事情，但却需要我们花费毕生的精力。

  希望您以一种全新的眼光来品味华夏古建筑，让它成为您床头案边最常见的读物。

私家园林

深窈秀美世外桃源

造园艺术特色

　　华夏的私家园林以其独特素雅的艺术风格和精巧优美的艺术形象屹立于世界建筑艺术之林。园林是一种优雅的艺术,是一首韵致无穷的诗,是一幅浓淡相宜的画。它是大自然美的再现,但又远远胜过自然的风光之美,因为它不若自然之美的零散、随意,而是多了一份整齐、工丽,寓有人们赋予它的主观经营之美。私家园林的布局不仅体现了人们对自然的热爱和无限的留恋,更重要的是向人们展现了我国古代劳动人民的智慧和人们对美好生活

的无限追求。私家园林多建在私人宅邸,隐于深宅大院,所以对外人来说,私家园林仿佛是人间的天堂,凡世的桃源。

"江南园林甲天下",江南的古典园林不啻为中国私家园林的代表,而无锡惠山之中的寄畅园则是江南园林中特色较浓的园林。惠山是无锡历史文化的摇篮,传说惠山之名来源于晋代禅师西域僧人惠耀之名。惠山被誉为"江南第一山",一代文学大师苏轼曾被这里的山水风景所感染，作诗云："石路萦回九龙脊，山光翻动五湖天。"足见这里的风光和景色之优美深秀。惠山寺庙繁多，香火旺盛，其中惠山寺是江南四百八十寺之一。"南朝四百八十寺，多少楼台烟雨中。"当年惠山的秀丽和潇洒可以遐想。清代的康熙和乾隆皇帝多次到江南巡游，曾先后游历寄畅园十四次，（两位皇帝各六次下江南都去了寄畅园，但两人各有一次来回均游历了寄畅园）被寄畅园的情景所打动，回京后所建造的皇家园林中的很多重要景观也都仿自这座私家园林。比如，颐和园的谐趣园和北海的静心斋就是模仿寄畅园建造的，由此可见其稚巧妩媚、清幽别致的非凡魅力。

　　寄畅园是明代南京兵部尚书秦金所建造，在建成时虽谈不上声名远扬，但在随后漫长而又短暂的100年里，康熙和乾隆这两位历史上极有建树的皇帝为什么都对寄畅园如此青睐呢？是为私家园林从内到外折射出来的深婉意蕴和极美臻盛所倾倒？还是别有他因？……无论是何原因，都足可体现寄畅园独特的艺术营造境界。

　　秦氏家族对两位皇帝的亲临探访深感荣耀，因此大力兴建和维修寄畅园。可惜天不遂人愿，在历经了家族的纷争和岁月沧桑的摧残后，寄畅园逐渐沦落为一家族祠堂，已不复当年风光，在人们的心目中也许只是众多园林中的一座，且仅作为锡

惠公园的配角而已,而江南的其他许多私家园林无论韵致及规模早已超过了寄畅园。但是,寄畅园曾经的辉煌繁盛、曾经的美却未曾完全褪去。正因为它历尽沧桑,所以现今更隐隐透出一种别样的美态。

今日的私家园林中,很多园林都经过了整修,虽已非旧日的全貌,但古韵犹存,园林的艺术特色仍得到保留,值得观赏。

无锡寄畅园碑亭

私家园林的艺术特色是园林的精华所在。它通过景物、建筑等的有机组合,组成了一个富有艺术情趣和意境的环境。园林中的庭院幽静宜人,花树掩映;山容水姿,清新潆洄;回廊曲折,构筑精美;洞门漏窗,景中得景……园林的景物自然参差,曲径幽深,和中国山水画一样,撷取的是一种天然纯真的秀美。而它有别于画之所在则是,它与人的生活契合度更高,所

雨中春树人家

融入的人的情感更甚，它可以让人在自然风趣中品味幽幽情丝，在藏中寄怀显中意露。它在遮隔中现景深，再现了自然山野的仙境感；更是将中国人审美情趣中"千呼万唤始出来，犹抱琵琶半遮面"的恍惚迷离，委婉回肠，"庭院深深深几许？杨柳堆烟，帘幕无重数……"中的婆娑婀娜、稀疏明朗皆推向了极致。它不断地变换着空间的大小，生成了有层次的美感。美是丰富多彩的，而园林的美更是将不同的主题、风格、情调等映衬对比，既统一又多样化，使景色远而无尽，近而不浮，意象含蓄，情深致蕴；使虚实的体现和时空互相交替，景色无穷，意境深远。

　　私家园林由建筑、山水、花木等组合而成，叠山理水是造园的基本技艺手法，"水随山转，山因水活"。模于自然的层峦叠嶂，山水交融中，将山光水色与人亲的想法变为现实。园林的景观远近都适于观看，且既可仰视，又可俯视，景物变化不定，正是"横看成岭侧成峰，远近高低各不同"。

　　私家园林的景物含蓄秀美还在于它一山一石的耐人寻味。峰石作为园林中必不可少的一种造景元素，被广泛使用。现存的古典园林中，尤其以苏州狮子林中的奇石最为著名。放眼望去，那些石头有的瘦骨嶙峋，有的风姿绰约，有的娇憨可爱，有的优美动人，有的深沉含蓄……

　　私家园林空间的大小是相对的。由于要在有限的空间内营造无限的空间意象，因此往往形成园中有园、景中有景的布局。狮子林的造园手法也不例外，园中景物幽幽，影影绰绰，扑朔迷离，千回百转地为人设下了一个又一个谜一般的空间环境。那些曲曲折折的小径，引领着游走其间的人，在空间不断转换中，兴致无穷，百游不厌。在狮子林里，一年四季的景物变化不定，自有个性，随着季节的不同，在园里的感受也会不同。譬如，在一个秋盈微露、薄雾轻漫的早晨，园中的每一处，看起来都是一幅不同的画面，深远而有层次。看似山无脚、树无根的浅影中，晓意朦胧。

也许，在历史的长河中沉淀出来的都是精华，今日沉积下来的私家园林中有很多是精品。就拿前面讲到的无锡寄畅园来说，虽然不是江南私家园林中最著名的，但其造园艺术手法很值得探究。寄畅园最值得称道的是，它在惠山脚下占据了独特地理位置，寄畅园这种借真山真水的自然景观作依傍的园林营造手法是其他园林所不能及的。除去它外在的环境引人入胜外，寄畅园内的布局更是设计精心。它南北皆为建筑庭院，东面为幽静的长廊，中部是明净开阔的池水，西面则是绵延的山岭丘壑。正如前所述，它能够成为康熙、乾隆二帝多次游历之处，我们完全可以想象出其特别之处。园林的意境来源于园林的景致，来源于景致的设计、布置与组合。私家园林在追求微缩于自然美

何园全景图

私家园林

雨中春树人家

之外，更追求一种造景的精巧别致，因而在我国的北方、江南、岭南等各地园林中，最能表现私家园林特色、最为人喜爱与称道的还是江南园林。

江南园林山水、花木、建筑廊庑布局大多是以水池为中心展开，部分建筑围绕水池而建，疏落有致而情趣自然，山石堆于池岸、建筑之间，树木花草看似随意却暗合设计地穿插其中，力求在较小的范围内营造出幽深曲折、步移景异的景观与意境。这种依水面展开设计的园林，在苏州的拙政园、留园、网师园都可以看到，它们可以说都是我国古典园林中的佼佼者。

文人园林之意境

中国古代的私家园林融合了文学、绘画、书法、雕刻、建筑等多种艺术形式，是一项综合的艺术性创造。私家园林深邃的意境，往往来源于文人复杂的心境和文化追求，"此中有真意，欲辨已忘言"，其中的意境，通过建筑的排布、景观的设置、题字、命名，甚至是家具的陈设、铺地的样式等各个方面营造出来，令人神驰心往，游兴大增。

私家园林的主人一般都是富有学识的文士或官吏，他们有过丰富的生活经历，可能品尝过仕途凶险的苦楚，怀着壮志未酬的感慨；可能心在俗世而追求雅致的古意；亦可能只是随了这造园的风潮，不想甘居人后而已。不管出于什么目的，中国私家园林大约从魏晋时期就奠定了其淡泊宁静、自然闲适的基调，"主人无俗态，作圃见文心。"私家园林往往布置得清幽淡雅、风韵清高，富有深厚的文化内涵，深受人们喜爱。

苏州自古就是我国的一处繁华之地，苏州园林在这片繁华之中却保持着一份难得的朴素与优雅，尽情展现着我国古典私家园林尤其是江南园林的清幽风韵。

苏州私家园林不但数量多，而且各具特色，且颇负盛名。拙政园、留园、狮子林、网师园、怡园、鹤园、耦园、环秀山庄等都是其中的佼佼者，而其中最负盛名的要数拙政园。

苏州园林的美名可谓海内传扬，而扬州私家园林的艺术贡献也是不可磨灭的，它同样在中国园林史上占有重要的一席之地，"天下三分明月夜，二分无赖是扬州"，在清代康乾时期，扬州的私家园林可以和北京的皇家园林相媲美。可见其不凡的造园艺术水平和深隽的园林意境。

扬州园林的最典型特点是"夸张"，夸张这种艺术手法是扬州当地的民俗文化特色。譬如知名的曲艺节目扬州评话，就以夸张细致的描绘而著称。著名扬州评话表演艺术家王少堂先生的《水浒》，就武松上楼这一个动作，就能夸张铺垫给观众说上半

私家园林

苏州狮子林修竹阁

雨中春树人家

个小时。扬州园林同理。

个园是扬州园林中较有代表性的一个作品,个园享有"中国名园,江南孤例"的美名(扬州虽在江北,但学者却将扬州的园林归为江南园林)。个园的建造汲取了中国传统园林艺术的精华,其主人黄至筠是清代两淮盐业商总。"个园"这个名字,就是因为主人的名字"筠"这个字亦借指"竹"字。"个"之形事实上是竹叶形状的图画。因此"个园"之名点出黄至筠个人特征,独具匠心。

"个园"之名虽隐喻竹子,个园的园林设计并不是简单沿着竹子枝叶扶疏这个单一线条,去表现"月映竹成千个字"这个主题的,而是利用园中的叠石艺术,创造出"春、夏、秋、冬"这四景。这四景是利用不同的石料质感和石料色彩,再搭配极富四季特征的植栽而彰显出"春山艳冶而如笑,夏山苍翠而如滴,秋山明净而如妆,冬山惨淡而如睡"的不同画面效果,从而产生"春山宜游,夏山宜看,秋山宜登,冬山宜居"的园林功能。

黄至筠本人官至二品,有五个儿子、九个女儿。其家族一直人丁兴旺,鸦片战争时,黄氏家族曾捐军饷抵抗外敌。

山水是私家园林中不可或缺的韵味体现,是园林形的体现,是园林神的所在。千篇一律的山水要素在不同的私家园林中体现得各有特色。

苏州拙政园柳荫路曲廊

　　私家园林中的山水情是文人雅士时时魂牵梦萦的情感寄托,"明月松间照,清泉石上流"是大自然超世出尘的美感呈现,"蝉噪林愈静,鸟鸣山更幽"更是山林之美和韵味的体现,蝉声、鸟声和着风声、水声,声声入耳,更显山林的清幽宁静,这正是文人雅士们所追求的造园境界。

　　文人山水园林,美在园林之山,美在园林之水。水清、水

雨中春树人家

苏州拙政园见山楼

明、水柔、水美。水是流动的音符，水是生命之源。所以园林中不可以没有水，很多私家园林中都开辟有或大或小的水池以蓄水。以池水映蓝天、映花木、映建筑，也以池水照身、照心。在尽显园林景观之美的同时，也尽显文人的优雅气质。

　　私家园林之水以水池中的水最为突出，但是在不经意处往往都有源头，以表现园林之水的曲折、幽然，同时更能使园林之水保持流动之态，是为活水。园林有了这样的活水才更有生气，更富自然韵味和山林野趣。

山林山林，必然要有山才能成林，所以对于有城市山林之称的私家园林来说，山峰奇石与水一样是不能缺少的传神之笔。再多的峰石也百看不厌。奇峰怪石是私家园林峻美峭拔、刚健阴柔、清新明朗一面的体现。由它们构造的假山的艺术之妙处，在透迤曲折，在山势险峻，也在山深谷狭。"高低曲折随人意，好处多从假字来。"

假山虽假，但却有真山之态。私家园林中的假山一般分为黄石假山、湖石假山和土石假山等几种：黄石假山豪迈粗犷，棱角峥嵘，突兀挺拔，巍峨高耸，具有野外田园般的风光之美；湖石假山在园林最常见，湖石的姿态在峭拔中更多一份玲珑秀美，湖石假山也便因此有了别样风情；土石假山则含蓄内敛，朴实无华，隽峭秀美，更富山林野趣。同时，土石假山其名主要说的是堆叠假山的材料，而不是石的种类。黄石假山与湖石假山则清楚地说明了假山所用石材的种类。

私家园林不但通过山、水、花木、建筑，更通过大量的诗文题咏，将深远的意境传达出来。私家园林是诗文书画的荟萃之地，历代文人骚客莫不爱富有文人气质的山水园林，他们被园林的景物所陶醉，为之倾倒，为之吟诗作赋。这些诗赋往往是古代文学中的精华,是对园林景观所体现出来的美感最真实的描述,是将个人的情感和景致融合于一体的表达。

"万物自生听,大空恒寂寥。"都说景不醉人,但情到深处人自醉。声情并集、急转快捷的热闹生活已让我们疲惫乏味。有什么能比得上园林的一山一水一石一木所传达出来的自然之境、之意、之情呢?私家园林盛满了对自然景物、生命情感的体验,而园林中星星点点的风景,则是发自内心的咏叹,从苍茫中传来。寂静的景物中自有天长地久,因为它不只是外在的安静,而是身心中的平和,与天地共在,与宇宙同生,与山水花鸟共呼吸。这里的一切景物,都有萧疏明丽、脱尘绝俗的风致。不时传来的花香清新袭人,但在馨香秀洁中掩饰不住淡淡的哀愁。园主人当时是在怎样的环境和心情中建造的园林,已无可查考,如今物是人非,一切前尘往事随风飘逝,不复存在。时序更迭,流年转换,给后人留下了离愁和伤感。眼前的美景冲破了感伤的氛围。疏放清旷,婉曲含蓄,意在言外。这是私家园林独特的魅力所在。

皇家园林

锦绣江山演变铺列

中国的皇家园林吸收了私家园林浓缩山水自然景物于一小区域的特点，集精美的建筑、宏伟的气魄、宗教的寄托于一体。览天地之精华，现人间之雄风。无论从哪个角度上欣赏，皇家园林都是中国传统建筑对人文历史和政治社会的浓缩体现。它似一座官方的历史博物馆，又似一幅天然的山水画卷，是包括宗教建筑、宫殿建筑、坛庙建筑等在内的中国古典建筑中艺术性最高的建筑形式之一。

如果说私家园林以小巧清幽取胜，那么皇家园林则以宏伟壮丽著称。传统的皇家园林占地面积很大，园内的布局规划合

北京北海镜清斋后沁泉廊

宜,气势恢弘。中国的帝王,拥有至高无上的权力,是封建社会的统治者,因此皇家建筑的选址、布局等就有了得天独厚的优势。可自由地选择理想的区域作为园址,可调动诸多的人力和物力来建造,并且工匠的选择尽可能是水平最高的,因而工程质量也较有保证。基于以上几点原因,皇家园林在人力、物力、财

皇家园林

力等方面都可以胜过私家园林，体现了帝王的威严和无人能及的气势。

中国在远古时期就产生了传统的皇家园林的雏形。比如商朝末年出现的供天子狩猎的囿，拥有大面积的天然土地，除自然的地形和丰富的植物外，还可供野生动物繁衍生存，囿中唯一的建筑是台，可供天子登临观望，或举行祭祀等活动。

到了秦汉时期，皇家园林的建造有了新的变化。园林规模依然宏伟，同时，园林中的建筑更丰富，也更为华丽。传说中秦始皇很迷信神仙道术，听说东海中有仙山，就多次派人到东海仙山求取长生不老的仙药，但每次都失望而归。于是退而求其次，在园林中挖池筑岛，模仿海上仙山来实现自己接近神仙的愿望。《三秦记》："始皇都长安，引渭水为池，筑蓬、瀛，刻石为鲸，长二百丈，逢盗处也。"

到了汉代，汉武帝也很迷信神仙方术，也想长生不老，所以仿照秦始皇的做法，在建章宫的西北部开凿大池：太液池。池中筑三岛，象征东海的瀛洲、蓬莱、方丈三座仙山。崇楼伟阁以象仙居成为当时皇家园林的造园风格。在秦代造园经验的基础上，形成了"大分散、小聚合"的苑中苑的布局模式，使皇家园林的造园风格进一步形成。

不管一池三山的起源说法有何不同，一池三山形式对后世皇家园林的建造与布局的影响非常深远却是无疑的。汉代的建章宫是我国园林史上第一座拥有完整的一池三山格局的皇家园林。此后，历代皇家园林的设计中都包含一池三山的元素，直到清代。如早期北海的池面，有三座孤岛：琼华岛、圆坻、犀山台。承德避暑山庄的湖区中心有如意洲、月色江声和环碧三个岛屿。有趣的是，在平面上，这三座岛与分隔湖面的堤坝形成"如意""灵芝"的古代吉祥物形状，构成"如意灵芝"。

"一池三山"形式的内涵与中国的哲学思想有联系，老子以"道"作为宇宙的本原，认为"道生一，一生二，二生三，三生万物"。皇家园林以自然为宗，运用老子"道法自然"思想，认为"道常无为而无不为"（老子《道德经》"道经"第三十七章），并未有意识去追求什么的大自然本身，却在无形之中造就了一切。儒家思想在吸取借鉴道生万物思想的基础上发展出的董仲舒的"天人合一"思想使得国人崇尚艺术心境完全融于自然。崇尚自然、师法自然就成为"一池三山"造园理念的文化基础。但是，究其源头，确是秦始皇寻仙境、求仙药无果的情况下，转而借助园林未满足其内心的奢望。

秦始皇在修建"兰池宫"时为追求仙境开创了皇家园林一池三山的建造构想，为其后历代帝王所模仿，但秦始皇对后世的影响又何止一个一池三山呢？皇家园林的承露台即是另一个

北海承露台

雨中春树人家

佐证。承露台传说是秦代的遗物。秦始皇统一全国后,把收缴的兵器放在一起熔铸,铸成十二个铜人,立在阿房宫前,用来彰显自己的威严。汉朝时,汉武帝刘彻也在建章宫前面的太液池立铜质的仙人承露台。但其目的是妄求长生。这也是汉武帝听信道士胡言的结果。道士说,要止阴气、生阳气,就需要用天降的甘露拌上玉石的碎屑来服用,这样便能长生不老。以后历代都效仿。今北京北海琼华岛的承露台据说就是元世祖忽必烈所立。

现存北海的承露台柱上的仙人,身着宽大的衣服,身材有着匀称的比例,极富生机的表情、优雅的动作都体现出一种淡定。仙人双手托着平平的大盘子,永远都在等待天上水气凝成的仙露。远远观望,铜质的仙人承露台以稳重的色彩,面对着浩瀚的水面。青山绿水围绕着这位双手托盘、永不疲惫的仙人。而这位仙人虽不言语,却在讲述一个两千年的古老传说。

魏晋南北朝时期,皇家园林逐渐转向对自然美的体现,尽管开始了人工的造景,但叠山理水的人工园林造景还是应用了山水画的写意手法,打破了秦汉以来皇家苑囿写实的沉重风格。到了金、元、明时期,皇家园林的发展处于停滞状态。尤其是元代长期战乱,加之统治者的不同文化喜好,使皇家园林的建造处于低潮期。纵观历史,清代是皇家园林建造最为鼎盛的时期,留存至今的皇家园林大多都是清代所建造。

清代的皇家园林占地虽不能与秦汉相比，但还是利用设计来突出了宏大的气魄，充分利用了山水自然的地貌特征，还创造出宛如天工妙笔的景色，如圆明园的真山真水。园内有园，多样化中又有统一性。每一个景区中都有一个突出的主题。皇家园林反映了封建帝王唯我独尊的思想意识，具有大一统、四方平安的象征意味。

帝王渴望社稷平安，园林的建筑中都有寺庙的设置，以求护佑。这种多功能建筑融合在一起的规划，也是中国传统建筑群体艺术的综合体现。皇家园林的面积都很大，但是其布局却也更精致。不管是山水景观的高隽飘逸，还是建筑风光的华丽尊贵，都大中有实，大而不空，虚实结合，气韵天成，高窈深窕。皇家园林体现出来的很多传统内涵、经典设计值得我们深入地探求。

皇家园林尺度的宏大规模、格调的磅礴气势、建筑的精致华美等，都可以清晰地从现存的颐和园、北海等皇家园林中感受得到。

不过，除了这些大型皇家园林之外，明清时期还有一些规模相对小巧的皇家御苑也是我们的宝贵遗产。它们没有大型园林的气势，但也从建筑元素的设置方面表现出了皇家园林的特点。北京紫禁城的御花园就是这样一座皇家御苑。

紫禁城御花园位于北京故宫中轴线的北端，是故宫中轴线上建筑群的终结点，始建于明代，占地约十八亩，平面略呈长方形。这座御花园与一般以山水为主要景色的皇家园林有很大的不同，总体呈现严谨均衡的布局模式，尽管中轴线两侧的建筑在整体造型上十分近似，但高超的设计没有给人以雷同的感觉。这种均衡与对称明显是其前部宫殿建筑群的格局的延续，同时也体现了封建的宗法礼制思想。园内的古树名花众多，表现出了一般园林清新、优美的环境特色。因为御花园是皇宫的内廷宫苑，因而建筑都以精美细致而著称，金黄色的琉璃筒瓦、以龙为主的装饰纹样、朱红色的隔扇门窗和檐下的鲜艳彩绘，都是皇家建筑级别的重要体现。

　　古代家庭本是一个个孤立的个体，但自从秦汉以来，有了一套完整的郡县制、户籍制和官僚系统逐渐把封闭的家庭和中央集权的国家连接起来，以后历代都逐渐制定和修订各种制度，以伦理道德规范为纽带，把君权与族权、血缘系统与地缘系统相结合，形成组织的联结，并形成清晰的等级制度，凡和帝王有关的一切都是最高级别的体现，因此皇家建筑所用的材料、装饰、工艺等为一般人所禁用。皇权是神圣不可侵犯的，皇家园林作为帝王的一个重要活动场所，要处处维护和体现帝王的非凡气派。

北京故宫御花园，从浮碧亭内看堆秀山上的御景亭

雨中春树人家

皇家园林

北京故宫御花园全景图

雨中春树人家

颐和园后山的宗教建筑群

皇家园林还有一个重要的特点,就是在其中一般都设置宗教建筑。统治者本身利用宗教来推动管理、推动经济,像唐代是宗教繁荣期也是经济繁荣期。统治者本身也信仰宗教,认为宗教可以护佑自己。颐和园的佛香阁、北海的永安寺等就是设置在皇家园林中的寺庙。

颐和园万寿山的前山中部,原有大报恩延寿寺,是乾隆为了给他的母亲祈福祝寿而修建的。后来在寺中仿照杭州六和塔建了佛香阁,初名为延寿塔。清末,大报恩延寿寺被英法联军烧

毁，慈禧太后在它的基址上建了排云殿，同时也重建了佛香阁。

佛香阁为平面八角形、高三层、带有四重檐的楼阁，下有高达 21 米的台基。佛香阁内神台上供有千手观音菩萨像一尊，阁内另有其他大小佛像数十尊。佛香阁不仅是一座宗教建筑，同时也是颐和园中的一处重要景观，建筑本身更是一处观景妙处。站在阁上，可以近俯湖光潋滟，远眺田畴无际、迷茫远山。

永安寺和白塔寺都位于北海琼华岛的南坡，建筑顺着山势由下至上层层叠起。寺庙是喇嘛念经和皇帝烧香拜佛的地方。永

从北海南大门入口处看琼华岛

安寺最前部是山门,门内左右供四大天王像。山门后面的院落内东西分别设有钟楼和鼓楼。院落北部中间建有法轮殿,是永安寺的主殿,大殿里面供有释迦牟尼像及其弟子,还有十八罗汉等的铜铸鎏金像。

穿过永安寺后面的龙光紫照牌楼,不远即是白塔寺。白塔寺是一座喇嘛教寺庙,建于清代顺治八年(1651)。寺中主要建筑有正觉殿、普安殿、宗镜殿、圣果殿和白塔。

琼华岛白塔因其高度成为北京城的标志之一。高高耸立的白塔与蓝天白云共同倒映在北海的水中，不由得令人想起了"让我们荡起双桨，小船儿推开波浪，水中倒映着美丽的白塔，四周环绕着绿树红墙……"的脍炙人口的歌曲。白塔高35.9米，顶部有大伞宝顶，铜铸的华盖分为地盘、天盘、日、月、火焰。白塔寺中部圆形塔肚的直径为14米。塔身正南红底金字的藏文图案装饰，是象征吉祥如意的"眼光门"，塔周围有306个通风孔。四周有汉白玉石栏杆环绕。站在塔上远眺，北海的景色和全城的景色一览无余，在建筑普遍低矮的过去不由自主能产生"会当凌绝顶，一览众山小"的豪迈之情。

在皇家园林中设置寺庙，从某些方面来说，也是中国封建宗法制度的一个体现。统治者建筑寺庙，能对臣民起到精神同化的作用，把自己的统治提高到宗教的地位，维护了其宗法统治。同时，宗教信仰也要求帝王自己由崇拜认同教理教义，而产生坚定不移的信念，同时还需要全身心的皈依。宗教为人生提供了终极基础，这种内驱力推动帝王去践履德行。

现存的皇家园林都为清王朝的遗物，园林中的寺院，主要为藏传佛教寺院。这是因为在满族入关以后，清王朝为了扩大统治，顺治多次请达赖来北京。1653年，达赖五世以及三千随从

皇家园林

北京颐和园谐趣园鸟瞰图

雨中春树人家

终于到达北京,顺治不仅以最高礼仪接待达赖一行,而且给予达赖重赏。这次活动,使清王朝团结了西藏,也笼络了其他少数民族的民心。清王朝推崇藏传佛教,使满族、藏族、蒙古族这三个民族在精神上形成高度的联合,这对于稳定边疆起到了非常重要的作用,也同时巩固了清王朝中央的统治地位。除了寺庙外,皇家园林还有一个重要元素是宫殿。避暑山庄和颐和园都是清王朝的夏宫,在炎热的夏天,清代的统治者往往不在紫禁城内居住,而是在空气凉爽的园林中居住和办公。因此,皇家园林中都有宫殿区的设置,为皇帝的起居和办公提供场所。和园林中金碧辉煌的寺院相比,园林中的宫殿区在外观上反而相对朴素,不使用琉璃瓦以便和园林建筑的总体气氛相协调。

皇家园林中除了建有寺庙宫殿建筑外,往往还在园中建有一些小型的园中园。

谐趣园就是颐和园的园中园。"到门唯见水,入室尽疑舟。"未进谐趣园门就听到水声潺潺,又有荷香扑鼻,三步一折,五步一回,来到了园内,池水碧绿,垂柳婀娜,小桥如彩虹横卧在水面,花木扶疏,竹影参差,山石嶙峋,建筑飞檐翘角,装饰古朴典雅,没有琉璃瓦的绚烂,没有皇家园林一贯的富丽堂皇,倒有私家园林小巧精致的风范。青砖灰瓦,小亭映衬,一年四季,景色各不相同。春天杨柳抽芽吐绿,夏天荷香飘远溢清,

颐和园苏州街

秋天池水碧绿清透，冬天大雪红梅压枝，在一个自成一体的封闭小园中，四季的景色如画面般丰富多彩，时趣盎然，使统治者在巨大的园林中享受私家园林般的小巧和静谧。

皇家园林的布局设计定然会反映封建统治阶级的思想意识与传统观念。园林的景物及建筑小品体现着皇权意识。但这个世界一直就这么奇怪，"这山望着那山高"，皇帝有时也会羡慕普

雨中春树人家

通人的随意生活。皇帝是中国封建王朝的最高统治者，所以不能像普通的老百姓一样，游街逛市，领略街道上世俗生活的情趣，因此在皇家园林中仿照民间的街市，建造买卖街，供皇帝及其家眷、随从游玩，享受普通人的乐趣。

颐和园北宫门内的苏州街，就是当年乾隆为了享受逛街的乐趣而修建的。当年这条街的边上共建有店铺房两百多间，但每间房屋的尺度都很小。建筑的立面形式仿照清初北方民间的店铺，楼店、牌楼、平房等都有。买卖的东西也模仿普通集市上的商品，太监和宫女分别扮演商人和民妇，使皇帝感受热闹的气氛。虽然一些东西是假的样品，但这样的街道宛然具有一个寻常百姓生活中可以见到的市井气氛。帝王对这样的街道也钟爱有加。遗憾的是1860年八国联军进京的时候这个区域被毁，之后慈禧虽然重建苏州街，但远不如当年气派。今日所见的苏州街是"文革"之后恢复重建的，对于普通的旅游者来说，走惯了普通的市井，逛逛皇帝的街道，满足一大好奇心也不失为一种娱乐。

皇家园林是皇帝"移山缩水入君怀"的想法的外显。平心静气地说，中国皇家园林的确吸纳了私家园林的许多优点，在保留园林情趣的同时，皇家园林的建筑在规模、尺度、形式多样化方面都做到了极致。威严中不失和蔼，在雄伟中尽显山水的自然风光，皇家园林不愧为园林中的瑰宝！

佛塔建筑

蕴涵禅悟静观世事

塔最早是供奉舍利和佛像的建筑,所以称为佛塔,但后来在我国也出现了风水塔和观景塔。佛塔起源于印度,多数人认为塔是公元1世纪前后传入中国的。塔传入中国后逐渐和中国传统的建筑形式相结合,成为兼具印度佛教和中国文化内涵和营造模式的建筑形式。

因此,古塔演绎着不同的文化的传奇与交融。古塔是一支曲,在无声地演奏美妙的乐章;塔是一首诗,文人墨客常为它赞叹;塔是一幅画,把祖国的壮丽山河衬托得更加典雅。

塔的平面形状有圆形、正方形、多角形等几种。塔的建筑材

戒台寺辽塔

佛塔建筑

料也丰富多样，有木、石、砖、琉璃等。塔的建筑类型也变化多端，如楼阁式、密檐式、金刚宝座式等。从功能上看，塔还有供奉舍利的舍利塔、供奉佛像的佛塔和埋葬僧人的墓塔等。

墓塔是佛塔的一种。僧人在缸内圆寂，过了几年后举行开缸仪式，若其尸体没有腐化，就用其肉身裹布涂漆成为金像。若其尸体腐化了，便实行火化，安葬在墓塔中。其间几分神秘，几分庄严，几分苍凉。要经过多少生多少世的洗礼考验，品行修炼突出、对佛法有极高领悟者，才能圆寂后尸身不腐，成为金像，被人们永远供奉。这是多少大师都希望达到的境界。自然，能够被安葬在墓塔里的僧人也是方丈、长老之类的人物。

佛教墓塔的形式十分多样。僧人的墓塔一般是一人一塔。但也有一身二塔的实例，比如北京的周云端塔就是一例。两塔都为八角七级的密檐式塔，一座在房山区岳各庄，一座在海淀区北安河乡。建于明弘治年间。

传说周云端又名吉祥，曾在大觉寺为僧。其姊周太后还是贵妃时，以为皇上祝寿为名，在报国寺旁修建了大慈仁寺，吉祥作为第一代住持，还兼任僧录司的左善世。僧录司是明代政府管理宗教事务的最高机构，因此，吉祥和尚绝不是一位普通的僧人，正因为此，他才能不同于寻常和尚，为自己建了两座塔：一座建在大觉寺旁，因他曾做过海淀西山大觉寺的第一代住持，

楠溪江罗浮塔

故将墓塔建立在其旁；另一座建在远离京城中心的房山，因为当地的风水好。

从使用功能上来说，有一种塔叫做风水塔。风水塔是旧时人们为了从心理上弥补自然景观或主观感受上的某种缺憾而设置的建筑，譬如镇水、镇山、镇邪、填补景观上的不足、点缀河山等。

文昌塔是我国许多地方都有的一种风水塔，譬如深圳杨永岭下村的文昌塔，广西合浦城南的文昌塔，湖南祁阳县湘江东

千佛塔

岸万卷书岩上的文昌塔,广东佛山高明区西面明城镇的文昌塔等等。文昌塔有七层的,有九层的,最高的可达十三层。文昌塔也叫文风塔、文峰塔、文笔塔。文昌字面的意思是旺文,也就是头脑敏捷、思维发达。

文昌塔在风水功能上有时能够起多重作用,譬如安徽省宣城市旌德县营坎路上的文昌塔,是一座高五层、平面为六角形的砖结构楼阁塔,建于清乾隆年间。这座塔就有两个功能:第一是锁住乌龟,因为当地的地形如同"乌龟出洞",一旦让龟出走,就会带走文运财气;第二是镇住山火。因为县城西南方向有一座梓山形似火焰,过去城里经常失火,因此人们营造了文昌塔,目的是"定龟"和"镇火"。这是一直流传在当地的传说。

古塔,是我国现存数量多、分布广、历史久的传统建筑。唐代营造的塔在国内目前留存还不少。但塔的历史还可往前追溯。像河南省安阳市西北清凉山东南麓的修定寺塔,就是现存的一座早期佛塔。尽管文献上说是唐德宗建中二年(781)到贞元十年(794)之间修建,但近年有学者提出,这座塔建于公元551年至553年的北齐时期。学界争论较少的现存最早的塔是初建于北魏正光四年(523)的河南登封市嵩岳寺塔。

嵩岳寺塔是一座密檐塔,也就是外观屋顶一层接一层的那种塔,外面的屋顶与里面的实际楼层没有关系。嵩岳寺塔造型圆润优美,像一个玉米棒子。

古塔引来历代无数人朝拜。这其中既有现实生活中壮志未酬的年轻人,寻求精神寄托、信仰佛教的信徒,也有为塔的历史魅力所折服前来吟咏题诗的文人骚客等等。因此塔的碑文中往往会有很多诗词,或咏塔,或咏禅趣,或咏历史人物、传说等。这些碑文,往往既有文学欣赏的价值,也有历史文献的意义。有些诗词也能让人从中领略到禅意和人生的深刻哲理。

佛塔建筑在东汉末年就已经风行全国。当时丹阳人笮融"大

泉州开元寺紫云双塔

雨中春树人家

起浮屠（佛塔）。上累金盘，下为重楼，有堂阁周回，可容三千许人"（《后汉书》）。从文中我们可以想象当时佛塔建筑的华丽和宏大。当时的信众作佛事。就是围绕佛塔进行。后期中国佛寺的营造把佛塔移出寺院，使之位于寺院一隅，反而使佛塔更为清净、更加神秘。

佛塔的造型大多玲珑精巧秀美多姿，所以除了建筑在寺庙中之外，也逐渐被引入到园林中，成为园林中一道独特的风景，与园林中的山水草木、亭台楼阁相互映衬。碧波环绕，群山相拥，绿树锦簇，在自然清新的园林中佛塔呈现出别样之美。譬如颐和园万寿山的后面，有一座多宝琉璃塔，矗立在毁于英法联军之手的花承阁遗址上，给园林增加了故事。

在一座园林中，一般小的建筑都被浓郁的丛林所淹没，只有塔高高在上，与世无争地矗立在天地之间，就像是参透高深佛理的高僧。站在北海的白塔上远眺园林的全景，景色如画，远近高低的事物全都一览无余，历历在目，楚楚动人。远处的小桥如虹，流水如带，近处的景色则明朗疏落，清丽明净，天空皎明清澈，清风徐来，有幽雅的花香沁人心脾。古塔古老沉静，严肃、坚定又不失温和地立着，似乎在支撑着宇宙的混沌与沧桑。

北京西部的香山公园东麓有一座藏式庙宇——昭庙。庙宇的最高处矗立着一座琉璃塔，现已成为香山的标志性建筑。

北京北海一塔一亭

　　这里一年四季风景变化多端，美如仙境。春天，绿树抽芽，松柏苍翠，飞絮飘扬，晓风轻拂，空气清新，而金黄色的塔映衬在中间，更显蓬勃和生机。夏天，葱茏的绿树成荫，花朵在丛中笑，蜜蜂彩蝶缠绕飞舞，香味阵阵扑鼻，琉璃塔在浓郁的景物的烘托中，更显得醒目，独具一格。秋天，层林尽染，秋意正浓，漫山遍野，红林绿峰层峦起伏，金黄色的琉璃塔与之融为

北京香山昭庙琉璃塔

佛塔建筑

一体，更突出了塔的雄壮高大和别有风味。冬天，树干劲挺，气象萧瑟，大雪片片飘扬，大地一片洁白，唯有古塔立于茫茫的天地间，塔影拖得很长，是一道不败的风景，完美地将园林艺术与宗教艺术结合起来。其中既有率真天成的自然风光，又有深邃不可捉摸的蕴涵，令人神往。

北海的白塔和香山的琉璃塔，在我国塔的发展史中只能算是小辈。要说到中国佛塔的古老，那要追溯到佛教最早传入我国的东汉初年。但是佛塔的繁荣发展却是在魏晋南北朝时期。魏晋南北朝时期社会动荡，人们期望通过崇佛敬佛来缓解心里的痛苦，减少战乱带给自己的恐慌和伤害。所以，人们大力建筑佛教建筑，这其中当然包括佛塔。

同时，在这种情况下又产生了另外一种特别的现象，那就是：越是动乱和不安定的社会生活环境，思想和精神就越需要自由和获得解放。华夏几千年的历史中，处于黑暗战乱状态的时期并不算少，尤其是魏晋南北朝时期可谓是水深火热。而这一时期却是思想最活跃、"最富于智慧、最浓于热情"的一个时代。魏晋南北朝时期的佛塔，不但承载了当时人们的思想和精神诉求，同时有很多还成为人们登临观景的依凭。

古塔中有些塔可以登临，而有些则不可以登临。楼阁式塔和金刚宝座塔一般都可供人登高观景。楼阁式塔的门窗一般都较宽

河北临济寺澄灵塔

佛塔建筑

敞，楼梯也便于攀登，塔本身也多是高层建筑，可让人们更好地领略风景。

"欲穷千里目，更上一层楼。"悠悠历史意，萋萋建筑情。登高远望，每个人都向往，但在古代，一般较大的楼阁都建立在皇家宫苑或贵族宅院中，所以一般人要登高远眺只能到寺院中。古代人认为只有神仙才能居住在琼楼玉宇中，而人们大多渴望神仙般的生活，佛塔正是顺应了这一说法和这一要求，都建在较高的地方。塔的仙意、高贵与神圣就很容易地表现出来了。对于这样高贵神圣的塔，不管是俯视还是仰望都给人神秘和庄严之感。

民居建筑

起起落落演绎不尽

"忽逢桃花林,夹岸数百步,中无杂树,芳草鲜美,落英缤纷。"陶渊明的《桃花源记》用短短的几十个字向人们展现了一个"乌托邦"式的理想世界。那里没有人世的喧嚣,只有一个与世隔绝的小山村,居民生活怡然自乐,风景如画,可遇不可求。

千百年来,人们处处追寻桃花源,都希望自己生活在那一片乐土上。不知是人们的刻意追求还是自然的无意所造,人们心目中的桃花源也处处可见,如湖南的桃源县,江西庐山脚下的桃源,还有浙江天台的桃源等。尽管众说纷纭,但皖南的黟县仍

安徽黟县民居

以"桃花源里人家"的美称脱颖而出。千百年来人们寻找陶渊明的人间仙境,可谓"踏破铁鞋无觅处",费尽周折,才突然发现一个活生生的桃花源——黟县,竟是我们理想中要寻找的,此刻出现在我们眼前,真是"得来全不费工夫"。

"人面不知何处去,桃花依旧笑春风。"黟县隐藏在黄山余脉的一个盆地之中,虽历经了多年的风雨岁月,却依然没有改变它的美丽风貌。看到它,仿佛千年的历史展现在眼前。

黟县原本就是一个山洞里的盆地,面积很小,人口不足十万。只有一个小小的洞口与旧徽州府所在地歙县相通,似有几

雨中春树人家

安徽黟县南屏民居

分像陶渊明所描述的桃花源。后来炸开了山洞,辟开了一条平坦的大道,但现今仍能感受到桃源气息,因为这里保存了大量的传统民居。景因民居美,民居因景而有情。黟县的民居虽然比不上王府建筑的华丽雄伟,但它真实地展现了寻常百姓的生活居所。黟县的民居是聚族而居的村落。聚族而居是中国农村普遍的社会现象,这样可以保护家族繁衍生存。小小的村落掩映在绿树丛中，粉墙黛瓦，和谐宁静。庭院的布局和设计表现了追求自然生活的审美情趣。风霜雨雪的侵蚀，使一些老房子的墙面斑驳脱落，显示了沉重深厚的历史感。远远望去，一片片的村落整齐排列着，给人一种庄严宁静又平和舒展的亲切感。

今日的人们也许更多的是欣赏民居实体的优美。漫步皖南民居之中，有一种完全不同于现代城市的发自肺腑的感慨和惊喜。村落中，幢幢墙瓦，浓郁的文化意蕴扑面而来，错落有致的石桥，横卧在幽静的河面上，见证了无数人的踪迹。标志性的牌坊威严地矗立，倾诉着历史的更替回转，仿佛穿越了时空隧道，回到了千年以前的民居世界，平和、古雅，弥漫着欣欣向荣的生机，让你尽情地去领悟体会。

传统的民居呈现出多姿多彩、争奇斗艳的画面。在中国众多的优秀民居类型中，皖南的民居具有强烈的地方特色，是最精美细致的民居之一。皖南山水秀美，峰峦叠嶂，绿树环抱，青山相依，这里清淡幽静，但绝不冷傲孤寂。民居整体错综排列，疏密有致。

皖南一带的民居都很讲究风水，如黟县东源乡西递村，据说当年的胡氏家族看到这里的水是从东向西流，而一般的水流都是向东流，就觉得这里是一块风水宝地，建造的整座村落取其寓意：乘水西行，取得真经，兴获神力，从而大吉大利。风水

安徽皖南民居

的神奇,风水的韵味,风水的无稽,远古的人们也许是因无知而迷信风水,而后世的人们则带有更多的利欲色彩来看风水。

风水中的水是自然环境的要素,水与龙脉息息相关。"龙非水送,则无以明其来,穴非水界,则无以观其止。""有山无水休寻地""寻龙点穴须仔细"。时至今日,风水作为一种传统的民俗文化,在某些地区仍继续流传,这种带有神奇色彩、又包含朴素思想但又十分迷信的说法仍占有市场。不过风水理论与乡民多年的实践结合后形成了一种风水习俗。在黟县的南屏村水口有一片古树，啾啾鸟语、唧唧虫鸣、瑟瑟风声、潺潺水响，相互交织，是村落里重要的风水树，村民们无论婚丧嫁娶等，凡是重大的事情都要经过这片古树林，他们宁愿到几百里外去砍柴，都不愿动这里的一枝一叶，可见这片风水在人们心中的分量。

　　当我们站在远处观看民居时，仅是以一种观光游览的态度去体会，会被一种古朴天然的美所吸引，因为它散发着不同于现代建筑的迷人魅力，让人真切地感受到历史的真实。而当我们走入民居进行细致的观察并用心地体会，民居带给我们的却是另一番风味。心中的美感也许会荡然无存，但却会更加深我们对民居的体会和历史的领悟。

　　去过黟县观光的人也许会觉得遗憾，因为匆匆的浮光掠影般的观赏，看到的只是表面，并没有更多去体会它的内涵。但民居是需要用心才能感受到它的魅力和精华的。遥想当年，徽州人多地促，没有多少土地可供人耕、住。为了生存，男人只好外出经商，家里只有妻儿老小，相依相靠，凭着男人们赚来的钱度日。特别是女人，被封闭在高墙围合的院落之中，对外部世界所知甚少，也不能联系外部的人，因为女人若是不安分就会被全族的人羞辱、折磨、耻笑，所以她们只能坐在家里，从天井中

安徽黟县民居

望着头上的蓝天白云，无可奈何地虚度华年。

  当我们了解了当时高墙内女人的悲哀时，再游览这里一幢幢或精美漂亮或朴实典雅的民居时，心里都会不自觉地流露出对旧时女人们同情的感慨。这是在欣赏这处桃花源时，所产生的历史感慨，我们既可以将它看做是对黟县民居另一个角度的阅读，也可以将它看做是黟县民居另一种独特的魅力所在。

民居建筑

传统的礼仪制度在老房子中处处体现，背负着一代代人们的苦辣酸甜。皖南民居的布局是聚族而居，聚族而居有严格的规范和制度，使民居中礼教的空间秩序和伦理道德得以形象充分地体现。为了维护所谓的礼仪制度，人们不惜一切代价，都要保留祖先遗留下来的规矩礼仪和道德规范。经商的钱要寄回家装修房屋，以光宗耀祖，因此黟县的房屋装饰得脱俗幽雅，但这种美的背后却有多少人为之付出了艰辛的代价。

黟县宏村的承志堂是一幢建于清代的民居，为三进院落。楼下宽敞明亮，祖堂、客厅等重要的场所都设在这里。楼上是辅助性的房间，如闺房、库房等。女子住在楼上，活动受到了很大的限制。楼下的正厅迎接宾客，在楼上设有一圈回廊环绕的天井，天井装有眺望窗的栏杆，女子可以从这里窥视楼下，尤其在相亲的时候这个窗口格外重要，女子有机会亲自看一看将来的夫婿。

黟县的民居确实很美，但美得让人心酸。在一个个华丽的大院中，女人们的身心都被囚禁，华丽的大院掩盖着女人们无法倾诉的隐秘内心。这可能就是民居所展现的历史的另一面吧。

提到皖南民居就不能不提到徽州的牌坊。徽州被誉为"牌坊之乡"。尽管在"文革"中，牌坊已经被摧毁不少。但今天仍然保留着不少好的牌坊。牌坊是一种纪念性建筑物，可分为三类：

安徽黟县西递村荆藩首相坊

民居建筑

安徽歙县岩寺乡方氏宗祠牌坊

标志坊、功德坊和节烈坊。牌坊上的雕刻装饰等体现了民间建筑的设计与艺术。每一个牌坊几乎都是一部沧桑中夹着荣耀的历史。它们讲述着一个个鲜活动人的故事,体现着旧时的历史文化。

在皖南,不仅牌坊多,而且呈现的单体形式和组合形式也很多。歙县郑村镇棠樾村东,有七座牌坊依次排列在一条弯曲的道路上。但是要说单体形式的特殊,我们还是去看位于歙县县城城门内的许国牌坊。这是一座被人俗称为"八脚牌楼"的石坊。说到八脚,可能人们会想象牌楼一字排开七开间八根柱子,那就误会了。许国牌坊的精彩之处在于它是一个"口"字形,四面都可以看到牌坊,目前看来全国也就这一处是这样的造型。

牌坊的表彰者许国,在明朝嘉靖、隆庆、万历三朝为官,因而坊上刻有"上台元老"几个字,假如不知"上台"是啥意思。那么"太子太保""礼部尚书""大学士"这些头衔就帮助我们认识这位在明代既担任皇帝顾问、又担任太子老师的显赫人物。劳苦功高自然要在这里炫耀、显摆。

但并不是所有的牌坊都像功德坊、人瑞坊那样看了让人钦羡,妇女的贞节牌坊往往让人心酸落泪,每一个牌坊的背后几乎都有一个妇女的血泪史。

在歙县岩寺乡,有一座"胡门双节坊",它的建立是为了纪念一对年轻的妯娌在双双守寡后一起自杀的贞烈事迹。就在岩寺乡,另有一位姓氏不详的妇女,因丈夫外出不幸死亡,自己又没有孩子,深感没有尽到照顾家庭繁衍后代的义务,打算投河而亡,被人救起,之后仍觉愧疚,打算上吊而死,也被人发现解救,最后用剪刀割腕后从楼上跳下,终于归天。当地的人为之感叹,为纪念她的节烈,决定建一座牌坊。但当时正逢明代末年,社会动荡,乡民们没有钱,于是为这位妇女建了一个仅仅两米高的牌坊。在众多高大房屋的陪衬中，在茂密树木的掩映下，这个牌坊尤显得寒伧凄惨、孤苦伶仃。

皖南的民居，徽州的牌坊，交替上演着历史的一幕幕画面，皖南民居的秀美精致，徽州牌坊的深远韵味，共同演绎着古老萧瑟的故事。

历史上的古徽州是著名的风景名胜之地。歙县是过去徽州的州治所在地，戏剧家汤显祖因未能到歙县而遗憾万分："欲识金银气，多从黄白游；一生痴绝处，无梦到徽州！"从汤显祖的感叹中，可以知道当时的徽州是多么的富有，难怪有"东南邹鲁"的美誉。

歙县的民居较有特点，在屋檐的下面、门窗的上面，还加设有一个短檐。相传当年宋太祖到徽州，在山中一户人家屋檐下避雨，因屋檐短而浑身湿透，太祖问之为何屋檐短，山民说是祖上留下来的规矩。太祖回答，祖上的旧制不能改，但可以再建造另外一个短檐，方便行人避雨。山民事后知道是皇帝亲言，故又建造了短檐，百家效仿，渐渐流传下来。

徽州民居还有其他的特色，如高墙都为封火墙的形式，而院落都为天井院的形式等。徽州的男人们大多经商，都怕财源外流，故建造天井防止财源外流，还可使屋面上的雨水不会流向屋外，而流入天井，谓之"四水归堂"。徽州有句俗语："前世不修，

民居建筑

安徽皖南民居

雨中春树人家

民居建筑

福建永定福裕楼

雨中春树人家

生在徽州，十三四岁，往外一丢。"说的是男孩长到十几岁时，便出外去经商。经商是徽州人不变的永恒追求，代代如此。留在家里的妻子，日夜思念丈夫归来，孤独难眠，只有无尽的等待，等待意味着希望，但妻子们一生的等待，有的终于等回了丈夫成功的喜悦，有的盼回了心灰意冷的丈夫，更多的是盼回了丈夫死亡的噩耗。女人们只有无声地哭泣。那无声的控诉，是对无休止的惨淡生活的抗议，谁又能知道她们的心声呢？

离开徽州，离开皖南民居，如果我们不去想这些历史的悲凉与沧桑，心情会放松很多。"绿树村边合，青山郭外斜"，传统民居散发着清新与令人愉悦的美，在淡淡的外观下透露着古朴雅致的风情，让人从内到外感受到清新自然。民居含蓄，但不装腔作势，自然又不失艺术风格，独立但不孤独，平易近人但不矫揉造作，细腻委婉地展现了风土人情。民居犹如一幅幅动人的生活图画，自然会触动人们的情感，在宁静朴实中不知不觉就被感染，其深远质朴雅静的感觉挥之不去。萦绕在心中的不仅仅是它的外表，还有那传达出来的微妙感觉，仿佛天籁一般。

民居是中国古代建筑中数量最多、分布最广的一种建筑形式。它伴随着历史的变化而变化，每一种民居都有一个深远的文化背景。民居是华夏传统建筑文化的体现，传统的伦理思想、当地的环境气候、风土人情等笼罩着民居，就像一层层烟雾锁住了人们的心、牵动着人们的情。

"自谓经过旧不迷,安知峰壑今来变。春来遍是桃花水,不辨仙源何处寻。"华夏民族的民居就是现代桃源的再现。民居是建筑的一种艺术,是一幅动人的国画,素雅、高洁,民居背后的故事更是让人心魂荡漾。山西的乔家大院就会让你感慨颇多。

乔家大院位于山西省祁县乔家堡村,和前面讲到的徽州一样,山西的晋中地区在中国也是一个因当地居民外出经商而发达的地区,相当多的山西商人在清初至清中叶致富。祁县的商人主要以经营茶叶和钱庄而知名,经营规模大,服务范围宽,涉及地域广,富商处处皆是。祁县曾经显赫的富商很多,乔家大院的主人实力并非最雄厚的,但为何只有乔家大院屹立不倒而其他民居早已销声匿迹了?究竟乔家大院有何魔力?

乔家大院集合了清代北方民居建筑的艺术特点,设计和工艺都很精致细巧,是一座宏伟的建筑群。外观上高大威严,内部则华丽精美,是罕见的封建大家庭住宅布局的体现。让人赞不绝口的是大院的彩绘工艺和雕刻艺术,几乎每一件雕刻品都讲述了一个故事,每一座院落的建造都体现了一段民俗。大院呈方形的城堡式,屋顶形式多样而特别。在屋顶上设立单独的更夫楼,可俯瞰全院或观看外面的景色。高高低低的院落各有特色,从乔家大院的建筑布局及装饰上,可看出乔家大院曾经的辉煌。

山西祁县乔家大院全景图

民居建筑

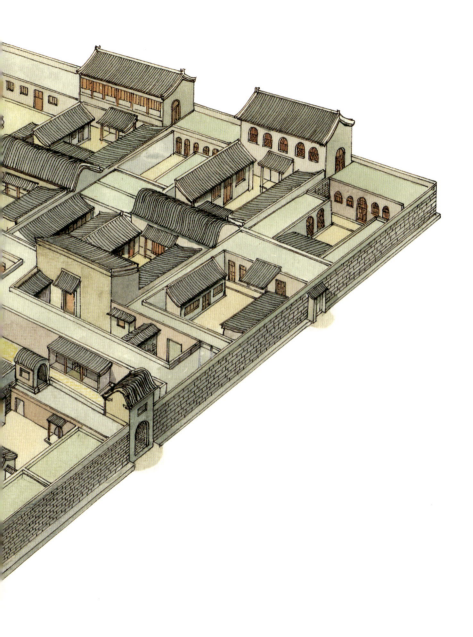

雨中春树人家

在中国传统的民居中乔家大院还承载着悠久的传闻轶事。如在大院门口上方挂的横匾"福种琅嬛"。"琅嬛福地"是传说中的神仙洞府,"福种"一般是皇帝赐匾时所用,赐予乔家此匾含有把福祉播种给乔家之意。据说八国联军进京,发生庚子事变时,慈禧逃到西安,途经山西祁县,乔家盛情款待,并捐赠白银10万两,巡抚又在慈禧面前大赞乔家,慈禧非常高兴,所以特别赐匾给乔家。大院中堂还有李鸿章题写的匾额"仁周义溥",另有村民联名为乔映奎题赠的匾额"身备六行"等。当时乔家的显赫由此可见一斑。类似这样的故事还有很多,让人感动万分的是乔家的义气。内蒙古包头的杨财东经商失败,欠下乔财东6.5万两白银,杨财东上门哭诉,乔财东看其可怜,竟然将欠款免去,杨财东感动万分,跪地磕了一头。此事让包头一时震动,乔家的义气、大方广为流传。

至此我们会不由得对乔家的成功经营策略暗自佩服,认为他们做人有道,处世有方,集智慧和人格于一体,成就了当日的辉煌。实际上还不止这些,乔家还有严格正统的家规、家教所带来的益处。

古人言"人无三代富"。每一个苦苦经营的家族最后都不免要衰落,而且大多不超过三代。豪门贵族的财产通常不是被外人掏空,而是被自家人吃掉,"吃老本"是不可扭转的局面和

乔家大院

结果。"坐吃山空",只有到了"山空",人们才会意识到"坐吃"。建立一座宅院容易,维持家族的繁荣却不容易。乔家却绝不是富不过三代,也绝没有子弟坐吃山空之事。乔家家教甚严,约束子孙不许贪图享乐,禁止声色犬马,同时也注重对子孙的教育。而子孙也都能遵家规而行,乔家大院的故事四方传,美名扬。到此,也许你心中已经有了眉目,乔家的财富和美名不是偶然幸运而得,而是几代人苦心经营维系的结果。正如乔家

雨中春树人家

主人室内对联:"求名求利莫求人须求己,惜衣惜食非惜财缘惜福""心清水浊,山矮人高"。时间的江水一去不复返,在江水中激起的无数浪花,如一朵朵精美的图案,镶嵌在历史的长河中,成为永恒。品味民居,不仅要品味它的外在,更要感受它的内涵,一个乔家大院,就足以让人看透事理。

乔家大院的建筑特征"里五外三穿心楼"也让人回味,它代表着当地民居的普遍形式。在我国各地众多类型的民居中,无论在其历史地位,还是在建筑本身的形象上,能与皖南民居和乔家大院之类的晋中民居相比的,首先要数北京四合院。

北京的四合院是中国传统民居的典范,以东、西、南、北四面房屋围合起来的院落为单位,分别向左右或前后延伸。院落的布局十分适合华夏民族传统的礼教制度,体现着家族成员的等级。比如后罩房,它是院落的最后一幢房屋,通常为家中的女儿居住,这里距离大门最远,空间又最为封闭,真正体现了女性的"大门不出,二门不迈"。

北京很多四合院的大门上都有两个或四个门簪,而门簪往往是官阶制度的体现。门簪越多,官阶越高,但去过四合院的人们都会觉得奇怪,既然官阶很高,为什么院落都低而平,还比较窄小?这是因为北京作为历代的都城,皇帝的居住环境当然要突出威严和权力,因此只要是皇家建筑需要体现的某种权威

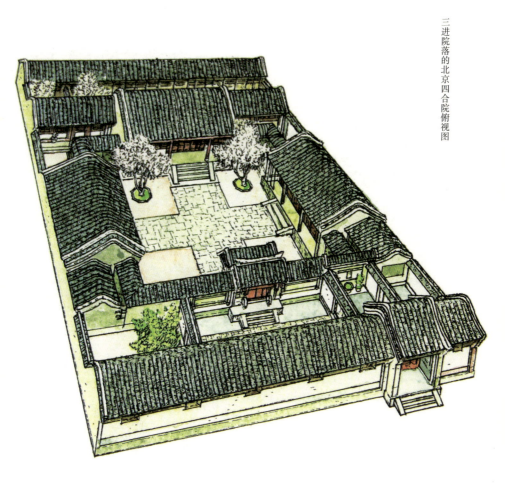

三进院落的北京四合院俯视图

雨中春树人家

四合院内景

象征，就不允许一般居民使用，所以一般居民院落的装饰要尽量和皇家建筑区别开来，如皇家建筑常用金漆作装饰，而民居只能靠雕刻来取胜。皇家建筑高大雄伟，而民居的布局只能小巧而精致，这样才不会和皇家建筑冲突。

　　北京的四合院建筑将府邸、文人等建筑的特点集合于一体，形成构件要素齐全的院落民居。经过了几百年历史文化的沉淀，四合院透露出古都的风韵，散发着悠远沧桑的魅力。当年的四合院演绎过一幕幕动人的曲目，许多文化名人都曾在四合院留下踪迹。今日的四合院可能显得暮年苍老，但却又有一种温厚慈祥的亲和力。

中国地大物博，民族众多，因而中华民居也种类多样，多姿多彩。在皖南民居、晋商民居、北京四合院之外，还有诸如江南水乡民居、新疆维吾尔族的和田民居、藏族碉房民居以及福建土楼、福建泉州红砖民居、赣南围子、广东碉楼、高原窑洞民居、蒙古包、云南少数民族的干栏式民居和汉风坊屋等各色民居类型。

华夏的民居似一首流淌的小河，缓缓地流向每个人的心田，让我们去感受它久违的亲切。民居的艺术成就最主要体现在因地制宜的环境上。穿过时间，跨越空间，我们不断地去探索，民居是时间的艺术，空间的灵魂，似一曲优美的旋律回荡在你我心间。朴实淡雅，虚实相生，老村古镇，深墙高院，仿佛回到古老的昨日。观看民居只需要一时，感受民居却需要永恒。

景亭楼阁

情以致远妙景横生

萋萋送别到古亭

"远芳侵古道,晴翠接荒城。又送王孙去,萋萋满别情。"白居易的《赋得古原草送别》道出了几代人送别的心声。萋萋的芳草包含离别的情意,此刻眼前的芳草古原也都饱蘸了凄凉的意味。"离恨恰如春草,更行更远还生。"李煜的《清平乐》又有一层更深的离情别绪,哀婉凄绝的情绪油然而生。离恨绵绵无期,春草翠翠浓郁,婉转而深沉,使人的心情一波三折,一层层地将脆弱的感情真挚地体现出来。

安徽歙县唐模村水口亭

　　白居易和李煜在诗中借的都是"草",以草写情、写别,而古人更多的时候都喜欢送别到古亭。"江送巴南水,山横塞北云。津亭秋月夜,谁见泣离群?"亭既是送别的终点,也是送别时最后的相聚点,更是哀伤的离愁别绪的见证者。亭与送别有扯不断理还乱、千丝万缕的联系。

　　亭是富有魅力而且丰富多彩的建筑形式,在中国古典建筑中显得意蕴隽永。亭的用途广泛，建址也较灵活，在城镇乡村或园林风景之地都可见到亭的踪迹。亭是对自然风光与人文景观的提炼，"亭借景扬名，景借亭增色"。中国的亭造型优美，顶式多种多样，几乎囊括了所有建筑屋顶的形式。亭以虚空的内部空间与外部空间相联系，是一种整体环境美的体现。亭将历史文化内涵和意境美相结合，让人百看不厌。

青山绿水的幽谷间，乡村桥头小溪边，景物幽致的园林中，亭的影子随处可见。秦汉时期关于亭就有记载："秦制十里一亭，十亭一乡。"亭是纪念和标志性的建筑。关于亭的印象萦绕在脑海里的是萋萋的送别之情。"何处是归程，长亭更短亭。"也许是源于对古诗的情缘，也许是对亭本身所散发的魅力，远行的人总喜欢乡村的路亭，看到了亭会眼前一亮，有宾至如归的亲切感。辛苦了一天的人们在亭中乘凉休息，一天的疲劳烟消云散。

相对路亭、凉亭来说，园林中的亭别有风味。赏景观光，纳凉休憩皆可。建于园林中的亭，目前所知最早的见于南北朝时的典籍《洛阳伽蓝记》与《水经注》。亭子的观赏性逐渐代替了它的实用功能。亭子的造型因此变得丰富多样，建筑与装饰等也更为精细考究。特别是皇家宫苑中的亭子，常用琉璃瓦覆顶，金碧辉煌，华丽尊贵。园林中的亭子还有一个不同之处，就是它没

苏州留园濠濮亭

有路边、村口、山间的亭子的送别作用，而是作为园林的景观与观景建筑，丰富园林的内容，提升园林的美感。

除去园亭之外的各类小亭中，相对来说，桥亭更受欢迎，它不但为行人提供了休憩之处，而且还为行人提供了遮蔽风雨之地。站在亭中还可欣赏远处的风景、天空的小鸟，感受大自然清新的呼吸。横卧在长桥上的小亭有飞动之势，"飞阁流丹，下

临无地"。

"城阙辅三秦,风烟望五津。与君离别意,同是宦游人。海内存知己,天涯若比邻。无为在歧路,儿女共沾巾。"

中国的文人骚客历来对离别的题材颇有感悟,大量的诗词等都体现了送别的情景。孤立的一座小亭,和友人在这里离别,即使有千言万语却谁都不愿开口说出来,只怕一开口,友人的

泪就如珠子般滑落,一发而不可收!凄寒孤寂的伤感,复杂难言怅然之情,溢于言表。

很多人了解兰亭是源于王羲之的《兰亭集序》。兰亭位于浙江绍兴兰渚山下。"此地有崇山峻岭,茂林修竹,又有清流急湍,映带左右。"现在的兰亭有八景,处处诱人。鹅池碑亭,传为佳话,曲水流觞,赋诗赏景,何乐不为。兰亭的美景无须争论,王羲之富含哲理的诗文也让人叫绝。

《兰亭集序》是一篇脍炙人口的优美文章，文采灿烂，妙语连珠，是难得的人间佳品，不仅内容丰富生动，书法艺术也无人能及。每一个字都神采飞扬，一波三折，具有欣赏意义和观赏价值。人间的瑰宝，人人想得。因为唐太宗李世民的一纸遗诏，《兰亭集序》被作为殉葬品埋入陵墓。只因"书圣"写了《兰亭集序》而使兰亭声名大噪，亭的一切价值和作用几乎都体现在《兰亭集序》里了。

亭是构成视觉景物的中心，让人从不同的方向看都很完整。亭是人与自然空间的媒介，在有限的空间沟通了人和自然环境的情感。亭是景物和人物的交点，适宜观赏四面的风景和小憩。亭具有观赏性和实用性，将历史、人物、景物、艺术等都完美地结合起来，是精神的愉悦和文化享受以及人生哲理的体现。

景观楼阁——千古豪情显楼阁

"欲穷千里目，更上一层楼。"登楼远眺，景象壮阔，是一般建筑中所看不到的特殊景色，天空、大地、景物、心怀等交织在一起，一切景物奔向眼前，但又在眼前慢慢隐退。人因景而生情，景因人而灵动，情与景真正地交融在一起，那才是真美

马鞍山采石矶太白楼

雨中春树人家

景亭楼阁

岳阳楼

的体现。

楼阁建筑是多层房屋交叠而成，高大而引人注目，往往成为人们视线的聚焦点。中国古代的楼阁是人们登高远望、尽情抒怀、开阔胸襟的游览场所。历史上的文人骚客大都喜欢登楼游览、眺望、观景，感慨历史、抒发情怀、谈论古今、感叹人生等，似乎楼阁已成了人们约定俗成登高抒怀的所在。楼阁建筑拉近了时空的距离，成为观赏者与环境情景交融的渠道，因为用心灵去观看世事沧桑和万物兴衰，是没有时空界限的。站在高楼上，微风迎面吹来，远处的景物疏散简远，蓝天白云行云流水般自卷自舒，山水有情，鸟儿自由，景物含蓄朦胧，但都透着一种淡淡的美，时隐时现的景物缥缈如仙。即使在心情很糟糕的情况下，也因登高远望而释然，烦恼烟消云散。

传说楼阁建筑最早出现于华夏民族的三皇五帝时期。但根据历史的推测，楼阁建筑在春秋战国时期才有记载。中国古代最为著名的三大景观楼阁建筑就是湖南岳阳的岳阳楼、湖北武汉的黄鹤楼、江西南昌的滕王阁。三处景观皆有特色，是历代文人墨客吟咏作诗的理想之地。

濒临洞庭湖的岳阳楼坐落在湖南岳阳市西门城楼上，这里曾经是三国东吴都督鲁肃训练水军的阅兵台，在宋代及以后多次经过了重新修建。楼阁采用三重檐盔顶式，是中国现存最大的盔顶建筑，黄色的琉璃瓦在阳光的照耀下辉煌闪烁。楼阁整体为三层木结构，楼高二十米，楼内现有六幅木屏，上面刻有千古传颂的范仲淹的《岳阳楼记》。楼前左右两侧分布着三醉亭与仙梅亭，三者呈品字排列，相互映衬。也许因为有了这篇流传千古的文章而使岳阳楼更加有名，也许只是它本身独特的人文地理环境所独有的风格情调引人入胜。总之，不管是今日还是在远古，岳阳楼都以其特有的魅力闻名遐迩。

"衔远山，吞长江，浩浩汤汤，横无际涯；朝晖夕阴，气象万千。"岳阳楼的雄伟景观让人心醉。作者在质朴豪放的情怀中掩饰不住感伤的情绪。"先天下之忧而忧，后天下之乐而乐。"石破天惊！沧桑的阅历，坎坷的人生，远大的理想抱负，对民生的忧虑，这样高贵的品质，这样宽阔的心胸，这样高尚的人格，谁又能与之相比呢？范仲淹忧国忧民的赤子之心不知让多少人赞扬与敬重。

相比之下杜甫的《登岳阳楼》则具有更悲凉的情调。"昔闻洞庭水，今上岳阳楼。吴楚东南坼，乾坤日夜浮。亲朋无一字，老病有孤舟。戎马关山北，凭轩涕泗流。"漂泊天涯，怀才不遇，沧海桑田。昔日的抱负今日成了泡影，多少无法预料的时刻啊！一面是气吞山河的景象，一面是忧神劳思的伤悲，两者极大的反差，让人触目惊心。

范仲淹和杜甫虽然都被岳阳楼的美景所吸引，登楼吟诗，但留给我们的忧伤感觉却是无休止地回荡。眼前的美景越是生动怡人，内心越是凄凉落寞，也许这是不得志的人共有的感觉吧。

具有独特民族风格的黄鹤楼位于湖北省武昌的黄鹤山上，它的美名不亚于岳阳楼。楼阁为五层，每层都有回廊，黄色琉璃瓦覆盖，檐角飞翘，和稳定的楼身相得益彰。黄鹤楼的楼名因传说而得之。一说古代仙人子安乘黄鹤过此，又有人说费文伟登仙驾鹤于此。因此黄鹤楼蒙上了一层神秘的仙境色彩。"故人西辞黄鹤楼，烟花三月下扬州。孤帆远影碧空尽，唯见长江天际流。"李白的《黄鹤楼送孟浩然之广陵》中的离别之情溢于言表。黄鹤楼与滔滔长江及横跨其上的大桥相互辉映，正适合于浪漫主义诗人李白的情怀。黄鹤楼传说是仙人飞天的地方，因此在此送别自然轻松愉悦，看不尽的阳春景色，看不透的浩浩荡荡的长江之水，一片真情，一份深情。自古离别愁煞人，而李白对于这次离别却感到愉快，一方面他向往扬州，另一方面也许是被黄鹤楼的无限风光所陶醉，为黄鹤楼的声名而倾倒，竟然没有一点悲伤，黄鹤楼真是送别的仙地。

"黄鹤一去不复返，白云千载空悠悠。"崔颢的《黄鹤楼》千古传诵，连李白都自叹不如，"眼前有景道不得，崔颢题诗在上头"。岁月不再，仙去楼空，天际白云，千载悠悠，苍莽之

情。昔人黄鹤，杳然无信，宇宙之浩大，人是多么渺小，高楼草树，历历在目，假如没有崔颢的这首诗，也许黄鹤楼就会和众多普通楼阁一样，不会被人如此景仰了。

"落霞与孤鹜齐飞，秋水共长天一色。"这里写的是江西南昌的滕王阁，它位于赣江之滨，背城面江，与黄鹤楼、岳阳楼并称江南三大名楼。滕王阁高四层，整体为明四暗七，顶覆绿色

黄鹤楼

滕王阁

琉璃瓦，阁四周有平座，回廊围绕，廊柱为红色，与顶部的绿色相映衬。"文因楼作，楼以文传。"王勃的《滕王阁序》流传千古，使得滕王阁声名大振。其实，我们这里所介绍的中国古代最为著名的三大景观楼阁建筑都因佳作而久盛。"闲云潭影日悠悠，物换星移几度秋。阁中帝子今何在？槛外长江空自流。"短短几十个字就把一个滕王阁活灵活现地展现出来，诗中的景物丰富多彩，虽然建阁的滕王已经不在，但它今日的形象依然别具风采。

　　景观楼阁建筑是中国人文精神的体现，是人与自然界心灵交流的真诚亲切的载体。历来的文人诗豪登楼感慨，似乎都笼罩了一层伤感的情绪，不仅因为登楼后所见的景物让人心醉迷离，更重要的是登高远望能更深切地感受到历史的沧桑和岁月的无情。但也正是这些诗文使得楼阁成为中国文人心灵的载体；也许正是有了这些吟咏情操的诗歌和忧思感慨的文学作品，创造渲染了楼阁的文化氛围，使之成为人们喜闻乐见的综合艺术。

陵墓建筑

千年沉寂祈盼永福

　　也曾以另一种建筑美学的观点去看中国帝王的陵墓，虽然少了恐怖的氛围，但陵墓的神秘色彩依然让很多人苦苦追寻。正如埃及的金字塔一样，给人以最大的诱惑力，但却又是一个永远解不开的谜。人们之所以不断地探索传统的陵墓建筑，不仅因为它是中国传统建筑风貌的一种体现，更因为它是中国传统思想内涵、人文社会、建筑艺术与其他艺术的综合体现。

　　中国历代帝王提倡"厚葬以明孝"。为了保持世袭的皇位制度和把皇朝延续给子孙后代，耗用大量的人、财、物等兴建巨大的陵墓。帝王的陵墓是传统的帝王生死观和政权相结合的产

陵墓建筑

兵马俑三号坑

物,是中国古代经济、政治、文化的重要组成部分,是历代科学和文化艺术的经典展现。

世界第八大奇迹——秦始皇兵马俑,举世瞩目,从秦始皇兵马俑规模的宏伟壮观,我们似乎可以联想到秦始皇陵墓的规模。秦始皇的陵墓坐落在陕西西安郊区骊山旁边,是我国历史上第一座规模宏大的陵墓。据估计,秦始皇陵园呈南北狭长的长方形,整个陵园占地面积十多平方公里,形成南依骊山,北临渭水,游龙饮河之势。陵墓有地面建筑遗址多处,如寝殿、便殿等。地下陪葬更达百处。到目前为止,已发掘出秦始皇兵马俑坑、铜车马、动物坑、马厩坑等,都引起了世界轰动。目前,依然还有很多埋葬坑未被发掘,地宫的主体部分也没有被发掘,若是整个秦始皇陵墓都被打开,那将是怎样的一个世界奇迹。

兵马俑一号坑

秦始皇登上秦国国王的宝座，就开始了陵墓工程的营造，整个工程前后延续了38年之久，陵墓工程浩大，项目繁多，投入的人、财、物等不计其数，史无前例。有人认为秦始皇陵园的整个布局是把地上的王国统统搬到了地下。幽深的地宫采取了"上具天文，下具地理""以水银为百川江河大海"的古代宇宙模型形式。秦陵的工程大致可分为三期，三期到底是用多少民

陵墓建筑

众的血汗筑成的，实在难以计量，累死者不计其数，活葬的人也难以统计，陪葬的物品数量也无人知晓。俑坑内的兵阵布置形式众说纷纭，几乎达到了古希腊亚历山大军阵的规模。秦俑的群雕艺术光辉璀璨，青铜兵器制作精良，总之秦俑的一切都是世人关注的一个谜，秦陵更是万人期盼神往的神秘难解之谜。神秘的地宫寄托着秦始皇长生不灭的思想，"事死如事生"的愿望得到了最直接的体现。陵园的位置犹如游龙，而秦陵恰是龙头的眼睛，从风水学角度看，这样的选址恰是画龙点睛之笔。

中国几千年的历史，令人眼花缭乱。在几千年的历史发展中，每一代的帝王都竭力为自己修建陵墓，作为百年之后的安息之地。而历经风雨与人事的沧桑之后，能够保存到今天的陵墓已经是少而又少，就目前所知，仅唐乾陵、明十三陵、清东陵和清西陵等几处相对完好。秦始皇陵只有兵马俑保存相对完好，地面建筑已仅存部分遗址，有些部分连遗址也无。

唐代是中国历史上存在时间较长的朝代之一，历时近三百年，几乎所有的皇帝都葬在"关中十八陵"，其中的乾陵是我国帝王陵中具有代表性的陵墓，是中国唯一的双帝陵，也是唯一的女皇帝陵。

乾陵是唐高宗李治和女皇帝武则天合葬的陵墓，位于陕西乾县北的梁山上。远望乾陵犹如一个睡美人仰卧在大地上，可

陕西乾县唐代乾陵

陵墓建筑

雨中春树人家

谓"头枕梁山，脚蹬渭河"，似有唐代帝王陵之冠的仪态。雄伟的北峰有一座石山，依山而建的陵是陵墓的主体，无字碑后是一系列的石像，那是当年葬高宗时前来祭奠的少数民族首领和外国使节。陵园有内外两重城墙，据记载，地面建筑多达三百多处，华表、朱雀、飞马、石碑等都显示了武则天非比寻常的历史功绩。

永泰公主墓在唐十八陵中是一座特殊的陵墓，是乾陵的陪葬墓之一，也是唐朝历史中唯一一座号墓为陵的公主墓。关于永泰公主墓的很多故事和陵墓之谜我们不去深究，但可以肯定的是永泰公主墓的独特、完美是一般公主和皇子的陵墓所不能相比的。

宋朝时提倡节俭，一般都以薄葬为天下树立榜样，留存到现在的陵墓也没有鲜明的特点。明朝是继唐朝后历时最久的朝代，陵墓一般都保存得相对完好。明代的陵墓继承前代的特点，但神道与石刻群的内容、排列、体量等都比前代更加灵活多样，陵墓的建造更趋于成熟，呈现空前的水平，其中，明十三陵是中国帝王陵发展的极致。

明十三陵位于北京昌平境内，周围燕山逶迤，北面的天寿山上三峰对峙，水库萦绕在周围，融合于自然的优美氛围中的陵园建筑艺术，显示了庄严的皇家气象。十三陵整洁的红墙黄瓦，掩映在青山绿树之间，以朱棣的长陵为中心的帝王陵区格外引人注目。从发掘的明十三陵中朱翊钧的定陵地宫可推测出十三陵内各陵的地宫面貌：以轴线为主，分前中后三殿和左右两个配殿，三殿呈T形平面，占地面积为1100多平方米，都为石砌拱形结构。

长陵是十三陵的祖陵，长陵的选址历经两年之久，五年才完工。朱棣煞费苦心，无论从选址还是规划，他都劳苦功高。长

陵墓建筑

陵内所用的木料都是名贵的楠木，石料也都是上等品，砖也都有较高的质量标准，整个陵墓的工程用料、质量等，在当时都是首屈一指的。而且，除了营造陵墓时累死的工人外，专为殉葬而死的人也是数不胜数。

殉葬发展到明代更是猖獗，以宫妃居多，多达百人，非常残酷。十三陵陵区内的东井和西井，就是当年埋葬殉葬者的地方。

殉葬的残酷引出了许多荒诞的传说。比如说，有人夜里看到殉葬的嫔妃手持灯笼从东西井飘出，到下半夜又飘回东西井。甚至是守陵的人在夜间看到陵旁的磷火，也能产生一些荒诞的传说。这些使原本就神秘的陵园更加恐怖，人人都心有余悸。到明英宗时期，他一想到嫔妃死前的痛哭就感到害怕，害怕这些人变成鬼后找他算账，因此下令取消了活人殉葬制度。此后，中国才结束了这一惨绝人寰的人殉制度。

殉葬是自远古以来形成的恶习，中国信奉厚葬，统治者把大量的金银财宝、精美艺术品及科技成果等埋入陵墓，埋葬的物品无所不有，即使这样还怕灵魂孤独，不能享受人间美好的生活，要让活生生的人为他殉葬。单看统治者的陵墓确实是一座珍贵的地下宝库，但殉葬中残忍的人殉却让人无法投入地去欣赏，这或许是历史的另一种缺憾吧。

历史的演变发展是我们难以想象的。明十三陵经历了李自成起义军进京后的破坏，还遭到了日寇的盗窃，其中破坏最为严重的就是定陵。定陵的墓主人是明代在位时间最长的一位皇帝，而定陵也是明十三陵中投资最大的陵墓之一。起义军基于对明代帝王统治的不满和仇恨，将定陵的地面建筑毁得面目全非，后来经乾隆修整，恢复了部分面貌，但却不能和当初的规模相比。再后来，不幸又被日寇破坏。新中国成立后国家经过了大力整修，地面建筑才有了我们今天看到的面貌，但很多珍贵的文物、建筑等已经被极大地破坏。

我国长达几千年的君主制度终于在清代画上了句号，这是历史长剧的最后一幕。清代的帝王陵彻底地埋葬了传统的君主体制，开启了新的历史篇章。

坐落在河北遵化县马兰峪的清东陵，是历代帝王陵中规模宏大、建筑体系最完整的陵墓。清东陵有五座帝王陵，十五座皇后陵，十三座嫔妃陵，三座皇子陵和两座公主陵。清东陵依山势东西排开，景象壮观，气势宏伟。以孝陵为主陵，其规模、设备等方面都颇为壮观，埋葬慈禧的定东陵的规模和气象更是丝毫不逊于帝王陵。

定东陵包括慈禧陵和慈安陵，两陵东西并列，中间隔一条马槽沟，居于东侧的慈禧陵被称为菩陀峪定东陵。两座陵墓是同时选址、动工、完工的，始建时规制也是一样。两座皇后陵墓同时

定东陵

营造，在中国历史上较少见。慈安去世后，慈禧独掌大权重新修建自己的陵墓，用料、做工等都超过始建时的规划。慈禧陵三殿的彩画是等级最高的金龙和玺彩画，内壁的砖雕装饰，手法高超，墙上有八幅"五福捧寿"图案，造型生动，令人叹为观止。慈禧陵的石雕华美，一反传统的龙上凤下的方式，在隆恩殿周围的汉

陵墓建筑

白玉栏杆上，凤全都是雕在柱头上，而龙则雕在柱身上。

单看慈禧陵园的精美豪华、金碧辉煌，似乎就令人联想到慈禧生前挥霍无度和穷奢极欲的富贵生活，各种雕刻图案处处体现着慈禧掌控的无上权力和无人能及的地位。重修慈禧陵时耗用了黄金万两之多，白银的花费也不下此数。当时正值甲午中日战争失败，中国刚签订了《马关条约》，赔偿了两亿两白银，普通百姓民不聊生，尸殍遍野，慈禧全然不顾，却花费巨资修陵。慈禧的陵墓呈现在我们眼前的不仅仅是它的建筑艺术，更有一份沉重的历史承载。

到此陵墓建筑已经画上了句号，作为中国君主制度结束的一个符号，不知它留给你的印象究竟是什么。虽然，现在的我们多用欣赏性的眼光看陵墓建筑，但也不能不对陵墓建筑背后那些真实的历史作深入的思考，从另一个层面、角度去品味这一座座陵墓，埋葬了多少宫廷春秋，多少恩怨情仇。

学府书院

古朴清幽蕴藏哲理

"山不在高,有仙则名;水不在深,有龙则灵。斯是陋室,唯吾德馨。苔痕上阶绿,草色入帘青。谈笑有鸿儒,往来无白丁。可以调素琴,阅金经,无丝竹之乱耳,无案牍之劳形。南阳诸葛庐,西蜀子云亭。孔子云:'何陋之有?'"刘禹锡的《陋室铭》不知道出了多少人的心声和渴求。这样的境界也许是文人所崇尚的理想吧。书声琅琅校园宁静,青春的激情在这里尽情挥洒,这是人们印象中最美好的回忆,也是一去不复返的一片心灵净土。学府书院建筑脱俗雅致,富有人文气息,不管是民间的书院建筑还是皇家的书院建筑,都不乏清幽宁静的特点,体

河南嵩山书院

现了中国传统文化的气质和理想。

　　历史悠久的中华民族，自古就有一套完整的教育制度。在西周时期，学院教育的首要任务是练兵习武，间或学习文礼。汉代中央政府举办的学院为太学，隶属太常管辖。隋朝时期，教育制度有了新的变化，教育部门的行政权总属国子监，但不隶属于太常。唐代时，学院制度较完善，国子监是全国最高学院的行政机关，还直接举办大学的教育。

唐代之后，我国各代的最高学府都称为国子监。北京国子监是现存最为完好的一座。北京国子监创建于元代，最初由刘秉忠创建，从诞生之日起就经历了艰难曲折的过程。北京国子监位于北京安定门内国子监大街，它是元明清三代的最高学府，与孔庙毗邻，是按照"左庙右学"的传统而建立，明初称"北平郡学"，以后历代都有扩建、修葺。

北京国子监的中轴线上分布太学门、辟雍、彝伦堂、敬一亭等建筑。辟雍殿是国子监的中心建筑，方形四角攒尖顶，上覆黄色琉璃瓦，周围环廊，四面开门。大殿坐落在带有护栏的圆形水池中央，四面有石桥可互相通达，布局呈现内圆外方的形状。

辟雍是皇帝讲学的地方，它的兴建与康乾盛世有紧密的联系。乾隆当年为了显示皇权的威严，以维持封建统治秩序，把辟雍建立成一种精神统治工具，使它在精神上的作用更大于实际的功能。"建辟雍以象天运，敷教化于流水之源。"

辟雍建圆河是为了维持秩序，把普通人和辟雍分开，使皇帝的临雍典礼顺利进行，因为典礼时提问的人很多，秩序较混乱，圆河起到了不可替代的作用。

"万般皆下品，唯有读书高。"自古以来这就是一句至理名言。在中国传统社会，读书人从儒家思想和典籍中吮吸着精神食粮，更多的是为了功名利禄。历代的文献和传说中都有大量关于

北京国子监辟雍殿

读书考试的故事,成为人们津津乐道的话题。家喻户晓的《长生殿》的作者洪昇和《桃花扇》的作者孔尚任均为国子监的监生和博士,在当时的文坛上被称为"南洪北孔",他们的故事后世流传。但正是这两位作者在仕途功名上的不幸,才成就了其文学创作的辉煌,给后人留下了宝贵的精神财富。

中国传统的书院建筑始建于晚唐,延续到清末,共建立了千余所,世事沧桑,时过境迁,留存到现在的书院不是很多,

湖南长沙岳麓书院全景图

学府书院

雨中春树人家

但这些留存下来的书院却具有很大的代表性和历史价值，足以让我们认识我国传统书院的真实面貌。

　　在湖南长沙岳麓山东麓，有一座典雅、庄重的书院，它翰墨流香，是我国古代著名的四大书院之一——岳麓书院。它始建于北宋年间，屡建屡废，但始终是湖南的最高学府。它古朴、清幽，流露出浓郁的文化气息，培养了一代代经世济民的人才。走

岳麓山爱晚亭

进书院,迎面就看到为纪念朱熹而建的赫曦台,进门有一广庭,庭北有坐西朝东的孝廉节堂,后面为文昌阁,这些建筑均位于中轴线上,左面是岳麓文庙,整体建筑为前讲学、后藏书、左供祀的格局。

　　鸟瞰书院,三面环山,湘江荡漾,前后依托,优美的自然风景与人文景观相结合。岳麓书院位于风景线的中央,院前二山对峙，院后柳堤、小桥、小亭相伴。感受书院，授业讲堂，藏书楼阁，圣庙专祠，古朴的建筑，幽雅的环境，正适于舞文弄墨，饱读古书。此外，佳树名花，比比皆是，书院还有类似园林的八大景观，美不胜收。

岳麓书院古老苍劲，朴实有韵味，散发着古老又新鲜的学院文化气息，是我国传统文化中熠熠生辉的瑰宝。

传统社会国家举办的学府书院很多，但一些较小地方的书院或祠堂里的书院也兴办得红红火火。

山西太原悬瓮山下有一座以儒、道、释等文化结合在一起的奉祀祠庙，名为晋祠，现已成为一处优美的园林。在这座园林里有一座晋溪书院，原为明朝大臣王琼的私人住宅，王琼被贬后，就在这里读书、吟诗、消遣苦闷，他逝世后这里被改为书院。来这里攻读的书生很多，本县和邻县的学子也都前来读书，县试

山西晋祠

雨中春树人家

陈家祠堂屋脊上的雕塑

的时候,还借用书院作为考场。

今天我们看到的晋溪书院是1992年重新修建而成的。在院内还建有王氏祠堂——子乔祠。院内的建筑朴素典雅,周围风景清幽,将祠堂和学府的功能结合起来,发挥了不同的作用。

明清时期建立的书院数量很多,其中陈氏书院是现存书院中很有代表性的一座。陈氏书院位于广州市中山七路恩龙里,原是广东七十二县陈氏家族的共用祠堂。祠堂建成后,一直是陈氏家族子弟读书的地方,也被称为陈氏书院。书院平面呈正方形,设有四院,以中轴线上高大的建筑为中心,两边建筑较低矮,主次分明,构成一座外严谨、内宽敞的建筑群,具有典型的广东民间祠堂建筑的特点。最引人入胜的是书院的装饰艺术,各种雕刻、雕塑等堪称民间艺术的精品。

陈氏书院建筑的装饰远远胜于它所传达出来的文化内涵,建筑装饰的题材大多采用"加官晋爵""爵禄封侯"等吉祥的纹样,反映了传统的思想意识。在屋顶上雕塑人物的装饰、是我国传统艺术和外来文化相结合的产物。陈氏书院的装饰艺术是普通百姓才智和技艺的结晶,它影响深远,德国、日本等都曾受其影响。

学府书院是中国古代文化知识的传播载体,千年的文化、学识、思想都在这里得以继承和发扬。学府书院建筑体现了文人学士的文化品位和理想,似有一种"躲进小楼成一统,管他春夏与秋冬"的意味。

宗教建筑

肃穆密境天界仙境

　　道教、佛教、伊斯兰教三教建筑遍布世界，在我国也同样繁盛。三教教理、精神各不相同，三教的建筑也各有特色，大到整体布局、规模，小到具体建筑形态，特别是装饰，都突出地显示了各教所具有的特点，与其他建筑有着较明显的差异。

　　相对来说，中国的佛教建筑与道教建筑在整体布局与造型上比较相近，伊斯兰教建筑则相对不同一些。

　　源于古代神仙方术、巫术的推广及对长生不老的追求，道教在东汉时期发展成为当时的主要宗教，唐宋时期道教鼎盛一时，规模宏大。元代时期的道观，现存最完整的是山西的永乐宫。现存完好的古代道观多是明清时期所建，建筑的布局几乎和佛寺相同，只是没有塔、幢和罗汉堂等。

道教的建筑大多是中国传统四合院的形式，在中轴线上布置供奉神像的主要殿堂，中轴线的两侧是次要殿堂。还有一些道观在主轴线后建立小型园林，主要是以自然景观为主。道教建筑在造型艺术上，雕饰、壁画、题刻等别出心裁。道教宫观一般都是举行斋醮等祭祀仪式的场所。

中国现存具有代表性的早期道教建筑是元代的永乐宫，位于山西省芮城县永乐镇，传说是吕洞宾的故居。永乐宫中轴线上有五座主体建筑，宫门、无极门、三清殿、纯阳殿和重阳殿。只有宫门为清代所建，其余均为元代建筑。四座殿堂都没有窗户，除大门外，全都是镶满壁画的墙壁，技艺精湛，规模宏伟。无极门和三清殿是人物画，纯阳殿和重阳殿是连环故事画。

永乐宫中最大的殿堂是三清殿，屋顶的鸱吻、仙人、走兽雕塑精致灵活，殿内供奉三清尊神，四面的壁画是《朝元图》。《朝元图》壁画整体色彩富丽深沉，描绘线条刚健流畅，备受称赞，堪称元代壁画的精品。

三清殿之后是纯阳殿，殿内供奉道教祖师吕洞宾，它在永乐宫的地位仅次于三清殿。纯阳殿内的壁画《纯阳帝君仙游显

画图》，反映了吕洞宾一生的传奇经历，全图由 52 幅连环画组成。画面中环境清幽，人物悠然自得，周围仙气缭绕，人物的形态、画面的色彩都表现出一流的水平。

重阳殿位于纯阳殿的后面，供奉的是全真祖师王重阳及其 7 个弟子。殿内的壁画由 49 幅连环画组成，以王重阳得道的经历和教化弟子为内容，似乎与纯阳殿的风格相接近。

永乐宫

　　永乐宫的壁画都是民间艺人绘制，充分再现了他们的娴熟技艺。永乐宫是我国珍贵的民间艺术宝库，尤其在美术史上占有重要的地位。

　　提到永乐宫的壁画似乎就有说不完的话题，单是吕洞宾的故事世上就流传很多。他云游四方，救世济民，受尽人间的磨难，但汉钟离还要以"六情魔""患难魔""刀兵魔"等五魔对

雨中春树人家

宗教建筑

《朝元图》

雨中春树人家

他进行考验。一日,吕洞宾打算外出立功行善,正要离开家的时候,家里的亲人却一个个死去,吕洞宾大吃一惊,但很快平静,只是默默地为家人准备棺材和葬具,一切准备妥当,家人又一个个安然无恙地活过来,他立刻转悲为喜。还有一次,吕洞宾临行前,家人正睡得香甜,有一群强盗闯进来,神情凶恶,索要财宝。吕洞宾泰然自若地和家人说你们不要阻挡,让他们随便拿,他自己泰然处之,正襟危坐,仿佛什么也没有发生。家人伤心极了,他劝说不要哭了,这是天意。等到天明时刻,所有被抢走的财物又完好地堆在院子里。吕洞宾和家人非常惊奇,全家人不知何故。像这样的关于吕洞宾的故事还有很多,人们在他身上寄寓了很多美好的向往和祈愿。

道教喜楼观,道观充满了神秘性,山东蓬莱城北丹崖山巅,有一座久负盛名的道观建筑——蓬莱阁。由蓬莱大阁和吕祖庙、三清殿、天后宫、龙王庙及弥陀寺等六组功能不同的建筑组成。蓬莱阁中的蓬莱大阁是一座临海的单体楼阁式建筑,因它是蓬莱阁中的主体建筑,所以也称为蓬莱阁。

蓬莱阁内有东、中、西三条轴线,总占地面积32,800平方米,规模宏大,景象壮观。建筑随着山势高低起伏,错落有致,主体建筑蓬莱大阁位于山的最高处,重檐歇山顶,面阔三间,为两层的木结构,面向大海。阁的四周环绕明廊,底层是16根朱红的大柱子。阁后排列着一系列的建筑群,如普照楼、宾日楼、苏公祠、避风亭等。东面是吕祖庙和三清殿,西面是天后宫和龙王庙,山崖下的西南是弥陀寺。建筑群内散布着约两百块不同时代的碑刻,还有著名的诗配画刻石等珍贵文物。

蓬莱阁向来都以神奇的传说而被人赞叹。由于奇特的地理位置,北面与长岛遥遥相望。远望蓬莱阁,好似腾空而起,掩映在苍翠的松柏之间,前面的大海碧波万顷,烟波浩渺,好像是一个庙宇与园林建筑相交融的仙境。谁能经得住这般人间仙境的诱惑?据说秦始皇和汉武帝都曾来此求仙。站在阁上远望,白茫茫的云雾萦绕在周围,有虚无缥缈之感,如果幸运的话,还能见到百年一遇的海市蜃楼的奇观。山林野谷,云气缭绕,透过云烟,远处的景色忽隐忽现,似有似无,境界幽深神秘,朦朦胧胧,让人如入仙境,恍如隔世,难以置信。苏轼登临于此,感慨颇多,留下了脍炙人口的名句:"东方云海空复空,群仙出没空明中,荡遥浮世生万象,岂有贝阙藏珠宫?心知所见皆幻影,敢以耳目烦神工……没有仙人有仙境。"

道教讲求的是求仙飞升,而佛教则追求一种禅悟与宁静。两教追求不同而又有一定的内在相通之处。中国的佛教寺庙在整体布局上与一般的传统建筑布局相似,讲究对称或均衡,也多用院落围合与组合,这一点又与道教宫观相同。不过,佛教寺庙中大多建有高塔，这是道教宫观中没有的。

伊斯兰教在全世界都广泛流传。伊斯兰教最主要的建筑是清真寺，由于传播的区域较广，不同地区的清真寺又呈现出具有不同民族特色的建筑形式，传说最古老的清真寺是麦加城的天房，是一座石砌房屋。

伊斯兰教于唐朝传入中国，盛行于元代，到清朝时期，伊斯兰教的建筑已经蔓延全国，并在造型上结合了中国本土的建筑与文化形式。伊斯兰教的建筑大部分采用中国传统的木结构形式，只是由于宗教上的要求而具有自己的特色，如"丁"形或"工"形平面的礼拜殿、高塔上的邦克楼、阿拉伯文字的装饰等。唐朝时通过丝绸之路，大量的商人和使节来往于西域与大唐之间，新疆就成为最早接受伊斯兰教的地方。中原地区的清真寺逐渐与中国传统的建筑形式结合，形成中国伊斯兰教建筑的独特风貌。

中国的伊斯兰教建筑也是由不同功能的单体建筑组成，如清真寺、墓祠、礼拜殿、后窑殿等。回族的礼拜寺一般建造在回民聚居区的中心位置，清真寺的整体布局较灵活，遵循着"无院不成群"的原则，呈院落的形式，但礼拜大殿必须是背西面东。它们在建筑群体的空间组织上，依据对称的原则，具有含蓄的美感。伊斯兰教建筑的屋顶造型丰富多彩，建筑的装修装饰也

陕西西安大清真寺凤凰亭

别具特点。

　　北京现存历史最悠久、规模最大的清真寺——牛街礼拜寺，位于广安门内牛街。它始建于辽代，明朝重修，清代又进行了大规模的重修。牛街礼拜寺布局集中对称，主要的建筑有礼拜殿、望月楼、碑亭等。其中礼拜殿是全院的主要建筑，坐西朝东。大殿内设置了隔扇门及三重尖拱门，把殿堂分为独立而又彼此相

北京牛街清真寺寺门前影壁

连的空间,将阿拉伯风格的建筑和中国传统的建筑形式融合在一起,使殿堂呈现出宏伟瑰丽、宽敞肃静和幽深的层次感。

  北京牛街礼拜寺的建筑造型是中国传统的木结构,但在细部装饰上具有浓厚的伊斯兰教风格。殿内无任何供像,这是与佛寺、道观的不同之处。礼拜寺内保存有两块阿拉伯墓碑,以及《敕赐礼拜寺记》等重要的文物。寺院内的一座望月楼为登高望月所用，平面呈六角形，成为院内一道独特的风景。

今日的牛街礼拜寺经过1979年的全面修缮，在阳光照耀下光彩熠熠，每天都有很多教徒来沐浴和做礼拜，每逢传统节日，还有很多国际友人前往，和中国的信徒一起欢度节日的盛典。

由于新疆是伊斯兰教最早传入我国的地区，所以非常有必要提到新疆的伊斯兰教建筑。艾提卡清真寺位于新疆喀什市中心，又称艾提尕尔清真寺，艾提尕尔是穆斯林做礼拜的清真寺的称呼。艾提卡清真寺原是一片荒凉墓地，当地的一些著名人物死后埋葬在这里，后来修建了一座小清真寺。1537年，当时喀什的统治者米尔扎阿尔伯克将其扩建为大寺。但也有传说是一位有钱的妇女经过此地病故，在遗嘱中提出要用大量的财物修建一座清真寺。

今日我们所见到的清真寺是1872年一次大规模修建后形成的。艾提卡清真寺由礼拜堂、教经堂、门楼等部分组成，平面呈不对称的四合院形式，入口处的门楼是砖石结构，上方刻有阿拉伯文的《古兰经》，呈蓝色基调，周围维吾尔族风情的装饰图案格外精美。大门两侧各有一个宣礼塔，塔上各有一个召唤楼，楼的顶部装饰着象征伊斯兰教的一弯新月。总体的感觉是入口处不对称，但却有特别的美感。西面是教经堂，是教徒们学习和休息的地方。位于东面礼拜堂的天棚较为特别，由160根木柱撑托

着梁枋,体现了独特的中国传统木结构。艾提卡清真寺肃穆、雄伟,是喀什的标志性建筑之一,更是广大穆斯林举行重大活动的场所。

宗教建筑是宗教精神的体现,无论道教、伊斯兰教还是佛教建筑,其空间结构和装饰形式不仅是为了追求美观抑或实用,更是为了强化宗教特有的仪式感和功能性,具有很强的象征意义。置身其中,我们不仅能感受到时光的轮转和岁月的沧桑,更能体会到沉积于其中的那份信仰的厚重感,从而让自己的心变得更加沉静和专注。

新疆礼拜寺苏公塔

万里长城

千古雄浑尽显浩然

当作为中国人的你、我、他，豪迈地说出这两个字——"长城"时，我们从外国人异样的眼光中看到的不仅仅是佩服激动、还有对一个伟大民族的无言赞叹。长城是美的，美得让人倾倒，美得让人难以用语言形容。长城是中华民族的象征，是世界上历史悠久、规模宏大、修筑时间最长的一项防御工程。

长城是建筑艺术的体现，美的本质毋庸多说，它渲染的某种民族情感，也是永远都解读不完的。中华民族含蓄的思想观念和审美情趣在长城里一一展现。

长城是我国古代战争中的一项重要防御工程，从春秋战国

万里长城

时期开始修筑，当时的诸侯国为了防御敌人的进攻，保卫自己，在领地上筑就了长达百里的城墙。秦统一全国后，建立了统一的中央集权制，为了巩固统治，保护统一国家的安全，秦始皇便把燕、赵、秦三国的长城连接起来，在此基础上，扩建成了长达万里的秦长城。汉代的长城比秦代更有发展，长度达到了两万里，不但修缮秦长城，还建筑新的长城，并且有了新的变化，建筑了很多烽火台、列城等重要的防御体系，有力地阻止了匈奴的进犯，促进了社会的进步。自汉以后历代都多多少少地修建过长城，只是不很突出。明代长城的规模浩大，是继秦、汉之后修建规模最大的朝代，在明代的两百年里，都没有停止过对长城的修筑和巩固。这时期的工程技术和结构都比之前有了很大的进步。东达鸭绿江，西至嘉峪关，全长一万四千六百多里，由于后来山海关到鸭绿江这段长城工程质量较差，毁坏较严重，而山海关到嘉峪关这段长城保存较完整，因此我们一般说长城是东起山海关，西至嘉峪关。

　　长城有很重要的用途和功能，除了军事防御，保护国家和人民的安定，还保护了边远地区的生产耕作，以及商旅通信的往来。长城的城墙穿沙漠，越山岭，盘旋于崇山峻岭间，宛如一条腾飞的巨龙。墙台和敌台都是在城墙上隔不远处就有的突出在墙外的台子。墙台的台面与城墙顶部高低相差无几，只是在平面上有一部分突出于墙外,外侧有垛口,便于射击,平时是士兵站岗放哨的地方。敌台是高于城墙的台子,骑墙的墩台,一般为两层或三层,士兵可在里面居住,储存武器等。烽火台是一个独立的高台子,台上可守望或燃放烽火以报敌情,台下是士兵居住的房屋和羊马圈。关隘口是长城防守的重要地方,也是平时出入长城的要道。

"盘盘雁门道,雪洞深以阻。半岭逢驱车,人牛一何苦。"雁门关是长城的一个关隘,位于山西代县,是长城的外三关之一。神奇的雁门关山势高险,将南北隔断,关南气候温和,关北扬尘万里,分明是两个不同的世界。关于雁门关的得名有多种说法。一说,秦汉时期,山高险峻,鸟都飞不过去,山中有一缺口,居住着鹰隼,鸿雁往来时被鹰隼迫害,雁若过此山,则要衔芦枝,因鹰隼惧怕芦枝,因而衔着芦枝便可以过山,过山后再将芦枝丢弃。所以这里得了"雁门关"之名。还有一描述:"雁门,古句注西陉之地,重峦叠巘,霞飞云举,两山对峙,其形如门,而蛰雁出于其间,故名。"民间还有另一种说法。在远古时期,这里植被完好,水草丰美,是鸟类的栖息之地,大雁每年都要在寒暑交替的时候南北迁移,而大雁难以飞越雁门山。雁门关位于山中缺口,正好是大雁必经之地,于是每年都有大雁来来往往穿梭于此,久之,就被称为雁门关。

雨中春树人家

踏上雁门关，中天一线，左右山峰对峙，悬崖陡峭。城门三重，东门上面一座城楼，称为雁楼。楼上悬"天险"门匾。门东面还有李牧庙，据说是赵国名将李牧在此大败匈奴，后人为纪念他的丰功伟绩，在此建庙。西门上有一块石匾"地利"，门外右侧有关帝庙，是为纪念北宋抗辽名将杨六郎而建。雁门关的城墙高约两丈多，砖砌石座，北门上有石匾"雁门关"，门两侧有一对联"三关冲要无双地，九塞尊崇第一关"，道明了这里的气势。雁门关可观，雁门关处的长城更加吸引人。脚踏方砖，手扶城墙，长城蜿蜒曲折，起伏不定，成为一个坚固的防御系统。远处高高低低的绿草野花，妩媚地衬托着长城的宏伟；古老的城墙，尽显沧桑的历史。血与火的战争在这里上演，爱国的民族英雄在这里抛洒热血。

参观万里长城的精华之处北京昌平区的八达岭长城，当车进入关沟时，就会看到"居庸叠翠"的壮丽景色。层峦叠嶂，草木葱翠，空寂幽深，山鸟鸣涧，轻风拂过，像是要进行一次彻底的心灵洗礼。谈起居庸关，就要从秦始皇修筑长城时说起。秦始皇修筑长城的时候，为保证长城的供应，沿途设置了十二个郡，把一些需要雇用的贫苦民众迁徙到这里，美其名曰庸徒，实际就是受雇的劳力。郡因此而名。现在的居庸关关城是明代时期修建的。明初朱元璋为防止蒙古人卷土重来，大力修建长城。

居庸关长城

雨中春树人家

在门额上还可看到"景泰五年立"的明中叶题记,关沟入口是南口,八达岭则是北口。

"绝波水连下,群峰云共高。"居庸关位于两山对峙的山谷中,南北两重的关口狭窄得连一只小动物都逃不脱,真正称得上"天险"。居庸关也是重要的古战场之一:鲜卑人与汉人在此大战,北魏杜洛周起义军迫使都督元谭西退军都关。辽代末年,金兵进攻,辽调集了精锐的军队隐藏于悬崖下,取胜的决心很大,但当金兵到达关下时,崖石突然崩塌,很多士兵都被砸死,因此辽军不战而败。这场战争也预示着辽代的灭亡。金朝灭亡时,元军多次进攻,金人为了守关,把几重关门用铁水封固,在关外布满了铁蒺藜,满以为元兵必败无疑了。当元军到达八达岭下,得知金军防守严密时,当机立断改变了强攻的计划,从一条狭窄的山道绕过关口,结果,金兵大败。元朝也是在居庸关和明军大战失败而亡。明末李自成一直打到居庸关,进逼北京。可见居庸关的重要地位。

居庸关的景色、建筑都别具一格。居庸关的云台在居庸关的关城中,建于元代。当时台上有三座藏式的佛塔,而台下是通关的道路,因此称过街塔,据说过往的人及车马从台下洞门通过,就相当于拜佛。现在三座塔都毁掉了,只留下一个平座,被称为云台。云台由石筑而成。形状略呈上小下大,高约九点五米,台

居庸关俯瞰图

基正中有一个贯穿南北的门洞，门洞的上部不是筒拱，而是梯形，是六角形的一半的断面形式。这种形式在元代很常见，但在以后的年代里逐渐少见。四周有白石护栏，栏柱下各有一个滴水龙头。栏杆下座雕刻着精美图案，即六挐具：大鹏鸟、鲸鱼、龙女、大象、童子和兽类。券门的周围都雕刻着精美的图案，洞壁两侧刻有六种不同的文字，说明古代各族人民文化交流的史实。居庸关云台显示了元代的雕刻艺术、建筑技术及文化的发达，

雨中春树人家

成为长城上一处著名的历史文物。在四周城垣雉堞的映衬下，更显得雄伟壮观。

现在呈现在我们眼前的长城，在蜿蜒的山脊上延伸。雄伟险要的关城，流转若动的城墙，陡险挺拔的城楼，孤独绝出的烽火台，长城的美景真是堪称一绝，这所有的一切都构成了长城神奇的建筑美。曾有人评论说，长城"宛如神奇的巨笔在北国大地上一笔挥就的气势磅礴的草书。城上的敌楼就是这草书中的顿挫，雄关就是这草书的转折，形成一幅结构完整的艺术巨作。是真正的'大地艺术'"。可长城的背后却处处透露出沉重的民族感情。作为一条东方的巨龙，长城不知蕴涵着华夏民族多少的辛酸苦楚，以及难以言及的往事。

在长城巨大的工程中，古代的劳动民众付出了无数的血汗，戍守边防的军队、被迫征调的百姓、发配的囚犯等等。他们凭着自己的聪明才智，完成了艰巨而又重大的使命。长城在设计规划上采用了"因地形，用险制塞"和"因地制宜，就地取材"的方法，克服了种种人为和自然环境的困难，巧夺天工地装饰成点缀中华民族锦绣山河的一幅巨画。

在北京的怀柔区里较好地保存着一段慕田峪关城。在关城南端城墙平面呈"丫"字形，尽头处修建了一座坚固的角楼，似有戛然而止之势，被人称为"秃尾巴边"。关于这段关城据说还

北京怀柔慕田峪长城下的戚继光像

有一段辛酸的故事。明朝万历年间,宰相张居正去世后,朝中争斗激烈,腐败成风,戚继光等正直的大臣也被调走,这时期长城的修建也很急迫,于是起用了戚继光的一位部将。这位部将很聪明,他观察到这一带的地形复杂,长城外侧曲折起伏,敌人很容易隐蔽,因此决定修筑一道向外延伸的工事。他做好了方案和预算,拿回兵部,兵部有人索要贿赂,结果这位廉洁正直的人不肯行贿,于是兵部就起了害人之心,完工时,便诬陷他贪污受贿,还莫名其妙地罗列罪名要将他处死。昏庸的帝王也信以为真,真是可悲又可叹,这也预示着明朝的衰败似乎已到了无药可救的地步。直到十几年后，这一冤案才被平反，还特地立了一块昭雪碑，但这块碑在"文革"的时候被毁掉了。这样的事件在长城的修筑史中并不罕见，长城其实是一部民族的血泪史和辛酸史。孟姜女哭长城的悲壮故事传为千古绝唱，长城各处为纪念抗战烈士的建筑随长城的延伸而绵延，普通民众在修筑长城的时候付出的艰辛劳苦也播撒在长城的各个角落……

用心灵去体会长城，它的一砖一瓦一石一土都浸透着普通百姓的酸甜苦辣。用眼睛去浏览长城，春天草木滋长，百花争妍，长城被围裹在花海里。夏天绿意更浓，处处绿色让人心醉，登高的情怀让人遐想。秋天，漫山遍野的金黄色，别有一番风味。冬天，皑皑白雪横铺在长城上，银装素裹中的长城妩媚动人。长城将有形的建筑形式和无形的建筑语言深化到了每个人的心中，一道长城就是一部华夏历史的图卷。观赏它，让我们赏心悦目；品味它，让我们沉重悲泣；读懂它，却需要我们毕生的精力。

戏台建筑

四方一角幻化起落

踏上前行的时光列车，追寻历史的踪迹，掀开一层层神秘的面纱，在我们流连顾盼之间，蓦然回首，古戏台竟是我们寻觅已久的古建筑踪迹之一。

古戏台是从上到下各个社会阶层都会去营造的传统建筑形式，无论是皇家宫苑、还是寻常百姓的村落里都有戏台的踪迹，但随着历史前进的脚步，到今日，很多的戏台只是作为观赏的建筑，其原始的演出功能已经不再发挥作用了。倒是一些乡野古村村民在节日时依旧使用传统戏台，让我们得以重温历史。

追溯中国传统戏台的发展可以知道，远在唐朝之前就有了

江苏戏马台

戏台的雏形,那时的戏台还是露天的看台或是一个简易的看棚。唐朝时期,伴随着戏曲的兴盛,出现了专供表演的乐棚,用木、砖等材料建造,上面还有遮蔽阳光风雨的顶盖。

宋代时,戏台趋于成熟,出现了专供演出的剧场,称为"瓦子"。瓦子中演戏的地方,称为"勾栏"。所以,一些固定而集中的演出场所就叫"勾栏瓦舍"。勾栏集合了露台、乐棚、看棚等形式，内部设有戏台、后台、看席、茶楼等区域。

元朝时，北京的戏曲演出场地称为"舞厅"，是露台上的亭子，人们可在亭子的四周观看，宽敞的空间后面有武殿、乐楼等。

明朝时，听戏的场所是茶园。开始的时候，人们在喝茶的时候顺便听戏，后来才设立专供表演的舞台。清代时，茶园更加盛行，人们也逐渐改为听戏了，茶园也就成为戏园子。

皇家园林可谓是中国传统建筑的精华集萃，皇家园林中的戏台是中国传统戏台中的精品。现存较好的皇家园林中的戏台，以颐和园的德和园大戏楼和故宫的畅音阁最具有代表性。

清代，宫廷里举行庆典时几乎都要演戏，乾隆以后更加流行，戏台成为宫中不可缺少的建筑。慈禧更嗜好京剧，小戏台已经不能满足需求，只好开辟新的场地来听戏，因此在怡春堂基址上修建了大戏楼。这座戏楼在光绪年间启动工程，历时四年，就是后来颐和园内的德和园大戏楼。

德和园大戏楼共有三层，分别为"福台""禄台""寿台"。寿台下有地下室，室内有一口井，可供表演时需要水的场景用。很多时候演戏只用一层，但必须建三层，象征天、地、人，这样才能完整地体现礼仪制度的内涵，即无可比拟的巨大尺度。德和园大戏楼高21米，底层宽17米，和它相毗邻的是一座两层的

戏台建筑

北京颐和园德和园大戏楼俯瞰图

雨中春树人家

扮戏楼，是供艺人换衣化装及放道具的地方。大戏楼吸收了民间戏楼的特点，又开创了新的形式，把我国戏台的建筑形式发展到了顶点。许多著名的戏曲表演艺术家都曾在这里登台表演过。或许今日我们参观大戏楼的时候，依然可想到当年这里歌舞升平的景象。

德和园大戏楼位于颐和园的万寿山南、昆明湖东区宫殿建筑区内，其三面被仁寿殿、玉澜堂、乐寿堂等建筑所环绕。大戏楼的对面是颐乐殿，是供慈禧和王公大臣们看戏的大殿，殿内的金漆珐琅百鸟朝凤座是慈禧的正座，光绪在殿的东侧廊里看戏，而嫔妃只能在殿内观看。整个德和园大戏楼高高在上，与周围的建筑很不对称，每当演戏时，锣鼓喧天、热闹非凡，平时一向宁静的气氛就被打破了。当雪花或雨水从天而降时，效果逼真生动，台下特别设置的水缸起到了聚音和增强音响的作用。王公大臣们陪伴在慈禧的左右，嫔妃们前呼后拥，处于中心的慈禧真是不亦乐乎。

幽居深宫大院里的帝王和嫔妃们靠看戏消遣，看戏是他们重要的娱乐活动，因此，皇家园林里的戏台规模一般较大。

除了颐和园之外，在北京的故宫里也有一座规模较大的戏楼，名为畅音阁。建造于乾隆年间，高20米，占地面积680多平方米，进深与面阔均为三间，高为三层，也分别称为"福

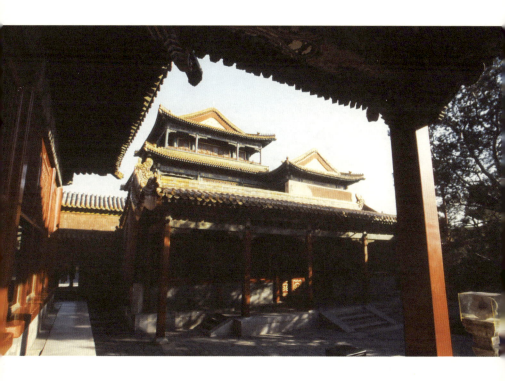

北京故宫畅音阁

台""禄台""寿台"。寿台上各有天井和地井,供演出时神仙和鬼怪出没所用。畅音阁屋顶为歇山卷棚,蓝色的琉璃瓦带黄剪边,廊柱为绿色。每逢节日或帝王的生日,畅音阁内的演员个个精神饱满,表演精彩纷呈,欢天喜地的景象煞是壮观。

皇家园林里的戏台固然雄伟壮丽,相比之下,民间的戏台简陋质朴,但却比皇家戏台多了一些清纯雅致,一些民风民俗,一些淳朴情调,就似那山林里的一抹绿,不显风头,但却别具

雨中春树人家

一格。直到今日，民间依然有很多保存较完整的戏台，有的仍在使用。提起古戏台，生活在当地的老年人更多的是温馨的回忆，因为那是他们一生难忘的美好时光。

　　民间古戏台主要有庙宇台、祠堂台、宅院台、会馆台、万年台等类型。在江西乐平市有很多完整的戏台，据统计，保留至今的有二百座左右。这些戏台是村落里传统的娱乐场所。乐平戏台大多属于祠堂台和万年台两种类型。乐平戏台具有自己的地方特色，虽然外观有很多种类型，但总体的结构、布局等几乎一致。乐平戏台多为三间四柱式，或在两侧多加一个侧台，成为五间式，台子的中间或后面都有屏墙，可作为舞台的布景和后台的隔断。乐平戏台外观一般为五种形式，第一种是一个三间房屋，两侧凸起的是马头墙；第二种只是中间的屋顶抬高，两檐上翘；第三种是中间突起三个屋面，有四个飞檐翘角，为三重楼、五个屋顶的形式；第四种是五个屋顶，前观有六个飞檐翘角，为五开间，只是没有马头墙（前三种都有）；第五种只是比第四种两侧多了两个不带飞檐的屋面，且两侧带有马头墙。乐平戏台的装饰也颇为考究，雕刻或绘制的图案等都很精美，题材丰富，如景物、花鸟、人物、历史故事等，体现了戏台亲切的乡土气息，自然、平和，又不失建筑装饰的艺术美感。

　　畅游在乐平乡间，淳朴的民风，亲切的乡亲，时时令人感到

江西乐平戏台

一股清新放松的快乐感。不过,曾以为乐平这么多的戏台定会经常演戏,可当深入了解后才发现,现实竟然与想象大相径庭。原以为本会很热闹的乐平戏台事实上一年才开演一两次,甚至几年才开演一次。像徐家村里的戏台,是九个徐姓的村庄合资建筑的,在十年的历史中才演过两场戏。菱田村的一次演出,是为石姓家族续家谱而举行的庆祝仪式,这次仪式被安排在春节期间,是利用人们休息的时间,同时庆祝新年,具有双重的喜庆气氛。

在乐平县，修筑戏台是一件光宗耀祖的事，最先修筑戏台的是天济村，后来其他的村子纷纷效仿修缮，并且一个比一个铺张。1970年代末，坑口村的王氏家族修筑戏台时，仅装饰的鎏金一项就花费了一万七千元左右，让很多人羡慕嫉妒。现在，乐平新建的戏台都要用真金装饰，否则村民们就会觉得寒酸。然而，当戏台只剩下装饰和炫耀的功能，不能真正起到丰富村民生活、凝聚村民精神和情感信仰的文化作用时，即使修得再精美，又有什么真正的价值呢，想到这点，不由人心里沉重起来。

儿时读鲁迅的文章《社戏》，读到这样一段："最惹眼的是屹立在庄外临河的空地上的一座戏台，模糊在远处的月夜中，和空间几乎分不出界限，我疑心画上见过的仙境，就在这里出现了。这时船走得更快，不多时，在台上显出人物来，红红绿绿的动，近台的河里一望乌黑的是看戏的人家的船篷。"

吸引我们的不只是人们看戏的心情和戏本身的精彩与否，更多的是那种在小桥流水人家的江南水乡看戏的气氛。在浙江的乌镇，还有一些演皮影戏的戏馆，戏的内容大多都是我们经常在电视里看到的情节。这些戏馆是专供演皮影戏时所用，戏台也比较华丽，定是精心设计的，并不像鲁迅笔下所描述的戏台里的情景，但人们看戏时的高兴情绪和演员演出时的卖力并未减少。看来这里的皮影戏很受欢迎。皮影戏始于春秋战国时期，集

广西三江侗寨戏台

绘画、雕刻、音乐、歌唱、表演等于一体,在宋代时,极为兴盛,而现在的皮影戏只是对古戏的一种回味和凭吊罢了。

戏馆里演戏,外面的景色仿佛比看戏还要精彩。微波荡漾的水面照映着粉墙黛瓦的民居,饱经风霜的古石桥满身斑驳,整整齐齐地跨在河岸两侧。岸上来来往往的人群衬着河中穿梭的乌篷船,仿佛是在记忆中出现了多少回的场景。

江南的戏台让人回味,北方的戏台也独具风韵。南方的戏台

晋祠水镜台

轻盈飘逸,北方的戏台厚重敦实。在我国的山西省就有很多保存较好的戏台。山西的晋祠公园里,有一座水镜台,是一座坐东朝西的古戏台。步入晋祠的大门,首先看到的就是水镜台。水镜台是为圣母(即水神)致祭赛唱而建,一般认为是明代建筑。台的前半部分是单檐卷棚顶,后半部分是重檐歇山顶,是两者组合在一起的建筑。戏台四面环有走廊。前台的立柱上梁枋连接,还有雕刻复杂的花板,似乎有一点烦琐,但却精美无俦。水镜台面对晋祠大门的一面悬挂"三晋名祠"匾额，两旁的柱子上还有一副楹联——"山秀水明，无墨无笔图画；鸟语花笑，有声有色文章"。

在我国古代，民间的戏台一般都建立在寺庙或祠堂中，人们不只是看戏，更重要的是敬神。据说在戏台的两侧地下分别埋入八口大缸是根据一个传说而设的，其实这只是运用了物理学中的声音在固体中的传播速度比在空气中快的原理，以达到增加特别音效的作用。

在晋祠里还有一座大戏台——钧天乐台，位于昊天神祠的前面，昊天神祠是关帝庙、三清洞和玉皇阁的总称。钧天乐台于乾隆年间扩建关帝庙时所建，主要是为了祭祀玉皇、关帝、三清。这个戏台较小。单檐歇山顶勾连卷棚顶，前台和后台连为一体，三面都建有低的花墙，采用精美的斗拱承托梁架，玲珑秀丽。戏台倒映在水中，随水漂动，似在梦中。当演戏时，乐器声、歌唱声、水流声等交融在一起，和谐美妙，仿佛是仙境一般。柱子上的一副楹联——"音入妙时，如蟾宫绝调；像传神处，拟才子奇书"，更形象地说明了戏台的鲜活美妙。

徜徉在山西的一座座古戏台里，有幸看到一两场演出，也许是久违的亲切，也许是从未见到过的激动，也许是外地人的新鲜感，戏台隐约透着真淳而浓郁的情调。

在山西临汾魏村，有一座建于元代的牛王庙戏台，因地震被毁，在清代时期重建。戏台平面为方形，四面都有柱子，前面的两根柱子是石柱，后面的两根柱子是木柱，三层斗拱和梁架重叠，整个戏台结构简单。牛王庙戏台是我国现存最早的一座具有元代建筑构造特征的戏台，目前几乎丧失了实用价值，但对研究元代建筑、戏剧等却有重要的参考价值。往日的戏台里活跃着生、旦、

江苏徐州戏马台

净、末、丑,更活跃着乐队,观看者也激情似火,我们仿佛也逐渐被深深地感染,沉浸在古老的戏台和美妙的音乐中。

　　古戏台以独有的沧桑风貌和特别的历史情调,让我们追寻回味。除了戏台的建筑带给我们深深的印象外,古朴纯真的民情也让我们沉醉,戏台本身、戏台上演的戏曲、戏台背后的故事都让我们难忘。

桥梁建筑

古朴风情 小桥流水

提到桥,总有说不完的记忆和道不出的美感。桥梁的构造看起来比较简单,但桥梁的功能和美学价值却不那么简单。

谁也不曾忘记宋代《清明上河图》里的虹桥吧,一座弯弯的彩虹桥,如"长虹饮涧"架设于河面上,桥头的商铺鳞次栉比,周围的景色也足以让人倾倒和神往。单单一座虹桥就吸引了所有观者的眼球,使人的视线不由自主地停留在上面,四周再繁华的景物、再热闹的场面都显得暗淡了许多。在祖国的山河中,桥的踪迹处处可见,一座座造型不同、结构不同的桥,既开阔了人们的眼界,装饰了大自然,也增添了人们的生

扬州瘦西湖二十四桥

活情趣。

中国的桥梁众多,造型各异,大小也不同,单从造型结构上说,有梁桥、浮桥、拱桥、索桥等;若是从材料上说,类型更多,如木桥、石桥、竹桥、苇桥、藤桥、铁桥、冰桥、盐桥等,还有几种材料混合的桥梁。河床是桥的载体,桥是水的主体,水与桥似乎天生就结下了不解之缘。

无论在民间建筑中还是皇家宫殿里，桥的身形总不可或缺。桥梁建筑在中国园林中有重要的地位和作用，呈现了精彩纷呈的特点，这些桥大小、形状都不同，但却都和周围的景色浑然天成，成为园林中一道独特的风景。

上海的豫园里，有一座九曲桥，和湖心亭共同立于荷花池中，被认为是中国古园九曲桥的典范。桥面浮雕是一年四季的花卉，荷花池中还有一朵石雕莲花、四条鲤鱼，和池中的喷泉互相映衬，互相对应，古典幽雅而又富有现代气息。

在江苏苏州狮子林里，也有一座九曲桥和湖心亭。在湖心亭可观看瀑布，因亭子位于湖中心，是最佳的观景处。亭的两面分别有九曲桥和拱桥连接，这两座桥互成对比，一平一拱，一曲一直，一轻巧一厚重，使分开的两个水面曲折幽深，使人在不同的角度都能欣赏到不同的美景，变化莫测，百看不厌。

扬州瘦西湖里的桥更是精彩。瘦西湖中可谓是处处有桥，但处处小桥又各不相同，各有精彩表现。大虹桥是瘦西湖的序曲，站在桥上，瘦西湖四面的景色像音乐的前奏一样涌现在眼前。大虹桥是崇祯年间修建的一座木桥，桥的栏杆是红色的，清代时期，改为一座单拱石桥，像一道横卧在水面上的彩虹。现在我们所看到的虹桥是三孔石桥，是在新中国成立后修建的。桥身还保留青石板，桥面是经过加工的花岗岩条石，桥是在原来的基础上加工和扩建的，虽然桥的坚固性加强了，但似乎少了轻盈灵动的飞渡之感。在瘦西湖里，桥的样式很多，如长春桥、春波桥、莲花桥、大虹桥等等，站在瘦西湖著名的四桥烟雨楼中，可隐约看到这四座桥，宛如行驶在历史的时空隧道里。

五亭桥是一座精美的小桥，曾有人说，如果瘦西湖是一位窈窕的少女，五亭桥就是少女腰带上系着的五朵莲花。五亭桥是一座奇特的桥，也是瘦西湖中最为著名的桥，是瘦西湖的标志，甚至可称为扬州城市的标志之一。五亭桥最初建于乾隆年间，桥的造型既具有北方桥梁的豪放雄厚，还兼有南方桥梁的精巧秀丽。初建的五亭桥被毁于清代咸丰年间，后又重新修建，但又不幸被大水淹没，先后经过了多次的修建，可谓是命运多舛。

今日的五亭桥风采更胜往昔。整个小桥兼有桥和亭两种建筑形式。桥全长 50 米，桥面和桥身栏杆石柱的顶部都有雕刻逼真的石狮。桥身为拱券形，桥基由 12 个桥墩组成，桥墩之间有 3 种 15 个不同的拱券桥洞。据说每逢中秋，15 个桥洞中都会映照出一个水中的月亮，如梦如幻，令人陶醉。

五亭桥的亭顶也颇考究，无论从哪个角度上看，五亭都会呈现不同的艺术效果。五亭桥的桥面由五个亭子构成，像一朵盛开的莲花，中间最高的亭子是重檐四角攒尖式，其余的四个亭子是单檐四角攒尖式，以短廊连接，像别致的荷花。一个瘦西湖

桥梁建筑

扬州瘦西湖五亭桥

雨中春树人家

就被桥掩映得活灵活现，桥成为瘦西湖最亮丽的一道风景。

桥为景增色，景以桥为纽带。皇家园林中的桥以颐和园中的桥称盛，仅昆明湖上就建有不同形式的桥三十多座。最大的一座桥是十七孔桥，横架于廓如亭和南湖岛之间，宽8米，长150米，桥身如长虹飞跨于南湖岛和东堤之间，长虹卧波，绿水如带，隐于天际。在十七孔桥两边的栏杆柱头上雕刻着形态各异、大小相似、惟妙惟肖的狮子，五百多只狮子几乎能和卢沟桥上的石狮媲美，据说也是仿卢沟桥而造。这座桥既沟通了交通，又使景观产生了层次感，不失为颐和园的传神之作。

在颐和园的昆明湖上还有仿杭州西湖苏堤六桥而建的西堤六桥，它不只是六座桥，桥上还有小亭点缀景物。西堤六桥从南向北为：柳桥、练桥、镜桥、玉带桥、幽风桥、界湖桥。六桥中以玉带桥最为美观，引人注目。玉带桥是六桥中唯一的一座高拱石桥，桥身洁白，高出水面十米左右，这个高度不高不低地衬托了周围幽深迷人的水与景，寂静空灵。桥身像一个窈窕的少女，清瘦高挑，桥面宛如一条迎风飘逸的带子，秀美惬意。远观玉带桥，就像是随风飘扬的白丝带子轻盈洒脱，流畅的线条，柔和宜人。

位于河北赵县的洨河上，有一座饱经沧桑的古老石桥，它就是赵州桥，也叫安济桥，隋朝时由李春主持设计修建。赵州桥

北京颐和园玉带桥

被认为是世界上第一座敞肩式坦拱拱桥，单孔圆弧石拱，全长为 50.82 米，跨度为 37.37 米。宽敞的桥拱上两端各有两个小石券洞，这样的造型，不仅能减少流水的冲击力，又减轻了大拱和地脚的承重，节省了工时和材料。这种构型对欧洲的桥梁影响甚大。桥两侧 42 块栏板上的蛟龙浮雕与 44 根望柱上的狮子相映衬。柱子上还雕刻有花卉纹样，变幻多端，生动活泼。整个桥浑厚轻盈,无论外形还是结构设计都堪称桥梁建筑的奇迹。正是:"驾石飞梁尽一虹,苍龙惊蛰背磨空;坦平箭直千人过,驿马驰驱万国通。云吐月轮高拱北,雨添春水去朝东。"

在浙江的东南部,有一条贯穿永嘉县的溪流,绵绵流入东海,这就是楠溪江。它孕育了永嘉灿烂的文化和山水情怀。悠悠三百里的楠溪江以其独特的风韵养育了一代代民众。楠溪江先民巧妙地利用了这里的环境特征,创造出了一种特别的矴步桥。矴步桥又称石矴或过水明梁,分为母矴桥和子矴桥。它是在较浅的河底,用大块砾石每隔一小步埋成石矴,排列成笔直延伸的小桥,石面比较平整,石头刚刚超过水面,水还在石缝隙里哗哗流淌,这是母矴桥。在母矴桥的一侧,每隔六七个母矴,安置一块小的砾石,这是为来往的行人避让而用,被称为子矴。当然这样富于山水情怀的地方,这样独具匠心的布局是有讲究的,在过矴步桥时,男的要让女的,年长的要让年幼的,空手的要让挑担的,挑轻担的要让挑重担的。在青山叠翠、碧水潆绕、白鹭出没的地方,矴步桥显得庄重清幽,在楠溪江宁静幽雅氛围的笼罩下,矴步桥仿佛在诉说着古老庄严的传说。

穿过山峦绵延溪流纵横的桂中,来到桂北(广西北部),燕子呢喃、草木茂盛、流水淙淙,加上质朴的乡农,处处一派生机盎然景象。侗族村寨一般建于山脚河畔,因此桥梁就成为侗族

楠溪江东皋矴步桥

重要的交通工具,而侗族独有的风雨桥更是惹人万分爱怜。

侗族的风雨桥一般由四部分组成,屋顶、桥面、桥跨和墩台。在桥面上加盖长廊,即下为桥墩、上为长廊,桥体为石拱桥,这样的造型两全其美,既可以遮蔽风雨,保护桥面,也可以使过往的行人休憩或观景,还可以为村民们遮挡阳光和风雨。但有的风雨桥的廊已经不能保护桥体免受风雨的侵蚀,只是作

桥梁建筑

广西侗族风雨桥

雨中春树人家

为观景的场所成为当地明显的标志。

关于风雨桥还有一段美好的传说。很久以前，侗乡的河里出现了一只凶狠的螃蟹精，常到小木桥边卷走过桥的少女，后来，来了一条勇敢的小花龙，与螃蟹精奋力搏斗，救起了不幸的姑娘。人们为了纪念小花龙，便将小木桥改名为回龙桥，同时又将它改建为带廊屋的风雨桥。

回龙桥并不是桂北侗族风雨桥中最有名的，桂北最为闻名的风雨桥要数巴团桥、程阳桥等。

巴团风雨桥位于三江县巴团寨，建于清朝。桥梁跨越苗江，全长50米，两层桥面，主层是行人的走道，侧层供牲畜行走，两层高差为1.5米，成为人畜上下异层分道而走的形式，这样的桥构思绝妙，更富于实用性。这是巴团桥最重要的特点。桥上的亭、桥廊的屋脊、飞檐设计巧妙，主要是用白石灰勾线或刷饰屋脊，以及使用小青瓦，粉、黛两色组合，特色鲜明，风格素雅。至于为什么要这样建造，没有翔实的记载，只凭人们去想象揣测。巴团寨的村民热情豪爽，巴团寨的风景如诗如画，山有胸怀，水有灵性，鸟语、清风、花香，古宅幽深，似乎等着远方的人去探寻。

烟霞千里，青山远去，阡陌纵横，我们已从桂北来到了具有水蕴气息的婺源，它位于江西的东北部。婺源享有美名的一个

江西婺源单拱小石桥

雨中春树人家

地方叫做清华镇，镇里有一座久负盛名的桥，名为彩虹桥。彩虹桥全长 140 米，桥基由 4 个石砌的桥墩组成，桥上有 5 个桥洞，桥面高出水面 13 米左右，宽约 8 米。桥洞的宽度大小不同，桥墩之间的跨度也不相等，但桥洞跨度较小，每一个桥墩上都有一个相应的亭子，桥的两侧一般还设有栏杆凳，供人小憩。桥墩像半个船形，是用大小不同的条石组成，内部都用砂石填充，比较坚固。彩虹桥成为当地人们重要的休息场所，夏天的时候，人们前来乘凉避暑，夜晚的时候，老人们躺在桥上抽烟，纳凉。水面暮暮昏昏，人也迷迷糊糊，萤火虫闪闪亮亮，此时彩虹桥的柔和情调消去了人们一身的疲惫，在夜色的笼罩下，分外妩媚传神。

关于彩虹桥的建造还有一段传说。当年清华镇里有一位和尚，俗名胡济祥，正碰上一位投缘的人胡永班，两人都愿意为村民修建一座永久性的桥，方便人们的生活。最初胡济祥云游四海，三年的时间，化缘到一笔巨款，由胡永班负责设计。历时四年多的建造即将竣工，盖瓦正逢傍晚时分，西边出现了一道美丽的彩虹，在夕阳的映衬下，构成一幅极美的画面。而人们认为这是吉兆，立即燃放烟花庆贺，并将桥取名为彩虹桥。后人为纪念这两位恩人，在中间的亭子内设立了二人的神位，中间是镇水之神——禹王的神位。

浙江嘉兴桐乡乌镇小石桥

　　岁月悠悠，小桥依旧。南方的水多，桥梁建筑自然也就多，桥成为江南水乡交通中必不可少的一种建筑。浙江古镇中的小桥，淳厚质朴，千姿百态。一座座桥如绣在山水画中的彩虹，娇小玲珑，有的飞架，有的横卧，有的平铺，显得娉婷多姿，仅是一座简单的桥就能让人有无限的遐想。

　　在浙江泰顺县，桥的形式也很多样，多为桥上建屋的廊桥。

雨中春树人家

浙江绍兴河桥

其中，当地木拱结构的桥最为特殊，被称为"蜈蚣桥"，不知缘何，也许是桥看上去近似爬行的蜈蚣吧。这种木构拱桥的构型被认为是源于盛行于宋代中原的虹桥。虹桥的结构多数是由横向两根纵向四根的杆件，构成平面呈"井"字形的桥，桥的两端固定，可承受很大的重力。

泰顺泗溪镇的北涧桥为虹桥结构的形式，也是现存中国最

桥梁建筑

美丽的虹桥之一,桥的两端是繁华的街镇。两条溪水在桥边汇合,溪上还搭建有小石桥,连接着矴步桥,当溪水上涨时,桥被水淹没,当水退去时,桥又重新露出,这样的景观娴静幽美。潮起潮落,花开花谢,云卷云舒,倚桥听风雨,登桥望明月,这样幽清明净的自然之美,正需要一颗朴实平静的心细细品味和感受。

泰顺县里规模较大的一些廊桥,一般都设有神龛供人们祭祀。神龛有的设置在桥屋中,也有的设置在桥头。其中,有些建有重屋的虹桥,更适合祭祀。祭祀的对象有佛教中的观音等,也有传说中的门神、财神、关帝等,还有一些只在当地享有盛名的人物。祭祀有专门的礼仪活动,一些重大的活动还较隆重讲究,每月的初一和十五,要举行祭祀,虔诚的乡民祷告祈福,希望一切都平安顺利。正月里的祭祀最重要,杀猪宰羊,很多人都赶来参加。对于村民来说,虽然物质生活较匮乏,但精神的寄托却不能少,因此祭祀的活动也要具体些。

江南水乡水多,所以桥多,浙江的泰顺是如此,距离浙江不远的江苏也是如此。江苏的苏州就有很多小桥,其中一些还非常著名。

"月落乌啼霜满天,江枫渔火对愁眠。姑苏城外寒山寺,夜半钟声到客船。"这样幽暗静谧的环境,这样空灵凄迷的诗,我们都不陌生。这首诗就是唐代诗人张继的《枫桥夜泊》。在这首堪称绝唱的诗中所出现的枫桥，是位于江苏苏州阊门外枫桥镇的富有诗情画意的枫桥。

枫桥建于唐代，屡建屡毁，现存为清代所建。桥为单孔石拱桥，拱洞呈半圆形，桥面呈弧形，全长26米，高为7米。枫桥本身其实并不特别，只因一首《枫桥夜泊》才备受人们的关注和青睐。人们来到桥上，不仅为了登高观景，也为寻找当年张继失落的身影，枫桥成了他乡游子寄托孤寂之情的地方。

一座座桥梁，一条条曲折的小径，白云深处，错错落落，青苔随意，清风飞扬，桥梁依然，岁月不再。留下的是足迹，带走的是回忆，见证的是沧桑，离开的只是一只本该远去的沙鸥。

宫殿建筑

辉煌壮丽雄踞世间

皇家的宫殿建筑向来都以壮丽辉煌著称，不知是人间天堂真实的体现，还是天公妙手偶得的意外之物，庄严肃穆、气势宏伟，让人折服。宫殿建筑在中国传统建筑里是最高级别的建筑形式，无论从哪个方面讲，都是建筑的精华，体现了建筑艺术最高的境界，也展现了中国传统建筑最伟大、最先进的技术水平。

殷商时期的甲骨文，出现了"宫"的象形字，但在当时是泛指所有的房屋。秦汉以后，"宫"才成为帝王居所的专用名词。"殿"字的出现是在春秋战国时期，原意是指高大的建筑。当

北京天安门

"宫殿"二字结合后,就成为我们今天见到的宫殿建筑的正式名称,它特指帝王的住所。

原始社会的建筑是夯土结构。夏商时期我国进入奴隶社会,建筑依然是"土筑草覆"形式。直到春秋战国时期,瓦才较为广泛地被应用于宫殿建筑,各个诸侯国营造高台宫室,这时,才摆脱了原始土屋建筑的形式。到了西周,从一些记载如《考工记》中可看出，宫殿与都城的关系较为密切。宫城位于王城中央，居于最重要的位置，整体的王城是一座正方形城池，呈中轴线对称分布。宫城的左右两面是宗庙，左边祭祀周王祖先，右边祭祀各种神明，这种布局形式一直延续到明清时期。

宫城本身采用门和朝顺序组合与连接的形式，大致为"三朝五门"。三朝是周天子处理政务的地方，分为外朝、治朝、燕朝三朝，其中治朝也称为内朝。五门即指在朝前有五道门，五门都与朝处于同一中轴线上。在门和朝之外还建有寝。所以整个宫城的布局一般即为这种"前朝后寝"的形式。

外朝是举行重大庆典的地方，治朝主要作为处理政务处，而燕朝作为君臣宴饮、会晤之处。寝是天子或诸侯起居的地方，《说苑》记载："天子、诸侯三寝，高寝居中，路寝居左右。"父寝居中，子寝居左右两侧。周朝宫殿的这种布局结构直至清朝时期依然采用。

秦朝时期，宫殿建筑辉煌鼎盛，阿房宫即是秦代最为著名的宫殿之一。它的宏伟辉煌我们可以从流传千古的佳作《阿房宫赋》中得知："覆压三百余里，隔离天日。骊山北构而西折，直走咸阳，二川溶溶，流入宫墙。五步一楼，十步一阁，廊腰缦回，檐牙高啄；各抱地势，钩心斗角。盘盘焉，囷囷焉，蜂房水涡，矗不知其几千万落。"单是这样的描述就让人神往。阿房宫

宫殿建筑

辽宁沈阳故宫东路全景图

雨中春树人家

的富丽堂皇足以让人迷迷糊糊分辨不清东西,宫中的美女如云,一个比一个妩媚婀娜。秦始皇生活的奢靡可想而知。宫殿内金银珠宝堆积如山,说它们够人享用千年都不为过。宫内的奇珍异宝,见过的没见过的,应有尽有,无所不及。当然宫殿建筑的装饰布局等更是前所未有、无可比拟。

这样千年难觅的建筑奇观定会引起民心的骚动,因为这样庞大的宫殿是以惨重的代价为基础建成。百姓经历了多少年的剥削与掠夺,多少人付出了辛勤的血泪,才有了阿房宫的诞生。"使负栋之柱,多于南亩之农夫;架梁之椽,多于机上之工女;钉头磷磷,多于在庾之粟粒;瓦缝参差,多于周身之帛缕;直栏横槛,多于九土之城郭,管弦呕哑,多于市人之言语。使天下之人,不敢言而敢怒。"这段写出了阿房宫所用材料之多,也写出了人民的怨愤。水能载舟亦能覆舟,如果不顾民众的生活和安危,人们必然要进行反抗。"楚人一炬,可怜焦土。"对于百姓来说真是痛快淋漓,终于摆脱了这样残酷的剥削压榨,可是建筑史上从此却少了重重的辉煌的一笔,给后人留下了深深的遗憾。

汉朝的统治在我国封建社会的历史上较为长久。虽然遗留建筑的实例很少,但从大量的资料及考古学家的考证中依稀可见当时建筑的辉煌壮观。这一时期的建筑,被认为是开创了后代的建筑之路的先河,直到明清时期,汉代建筑的影响依然存在。

建章宫是汉代较为突出的一座宫苑，于太初元年在长安西都建造。据《汉武故事》载："建章宫南有璧门三层，高三十余丈。中殿十二间，阶陛咸以玉为之。铸铜凤高五丈，饰以黄金，栖屋上，椽首溥以玉璧，因曰：璧玉门也。"一个宫门竟是如此豪华，令人惊叹，何况内部的众多宫殿。

建章宫内又划分为若干小宫，前殿为主要建筑，宫中的门、阁、楼、台、堂等建筑较多。前殿的西面建有太液池，以示请求东海的仙人来助兴，希望自己长生不老。宫内的楼阁多为井干楼。《关中记》记载："宫北楼阁有井干台，高为五十丈，积木为楼，言筑累万木，转相交架如井干。"当时汉武帝在位，正逢国力昌盛，他好大喜功，广兴土木，大建宫苑，建章宫就是最好的一个实例。

汉代之后，经历了纷乱的三国两晋南北朝时期，终于在公元 581 年时杨坚建立隋朝，统一了全国，国家开始走向繁荣发达。隋朝的建筑有了新的变化，改变了魏晋南北朝以来的宫城内外三重墙的格局。如隋朝的大兴宫（即唐太极宫），中间用横街把全宫划分为前后两部分，前朝为办公区，后寝为住宅区，宫城的正门为大朝，但仍然采用三朝的结构。鸟瞰全局，三朝相重形成宫殿的中轴线，这样突出了宫殿的纵深感，更加显示了皇权的威严、庄重。

宫殿建筑

汉代建章宫全景图

雨中春树人家

唐朝强盛繁荣，是中国传统建筑发展成熟的阶段，尤其是都城长安城，成为当时世界上最大的城市之一。长安城的设计沿用了规整对称的原则，呈长方形，南北轴线，纵横相交，道路如棋盘形，宫殿位于城轴线的北端。唐朝的大明宫是在太极宫的北边龙首上扩建而成，是唐代皇帝最常住的地方。

大明宫分为外朝和内廷两部分，这是传统的"前朝后寝"结构。外朝三殿为含元殿（大朝）、宣政殿（日朝）、紫宸殿（常朝）。宫城南墙开设有五门，正门居中为丹凤门，东西面各有两门，分别是望仙门、延政门、建福门、兴安门。内廷部分以太液池为中心，是一处宫与苑互相结合的居所和游宴地区。

据分析，大明宫正殿含元殿的结构几乎与北京故宫的午门相同。大殿前的坡道共七折，逐渐抬高，称作龙尾道。一座气势恢弘的略微前倾的大殿，一条

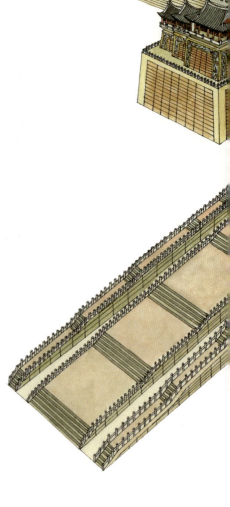

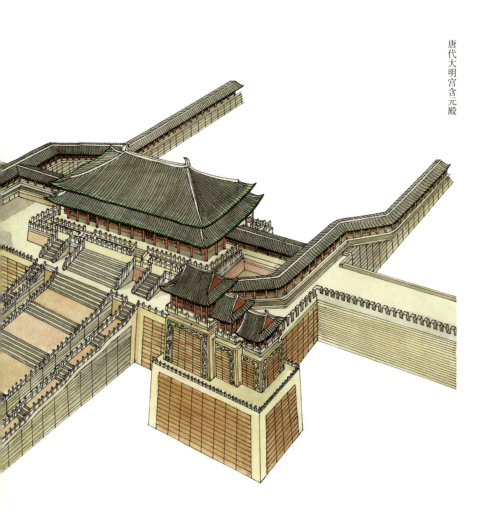

唐代大明宫含元殿

纵长的逐步降低的龙尾道，这样的造型组合在外观上形成鲜明的对比，高低曲折，引人注目，体现了皇家建筑雄浑的建筑风格。

麟德殿是大明宫的另外一座重要殿堂，主体由三座大殿前后相连组成，主殿左右两侧各有一座方形和矩形高台，上面建有一些体量较小的殿阁，殿阁侧面有造型优美的弧形飞桥与主体大殿的上层相通。高低错落的附属建筑更烘托出了主体殿堂的庞大气势。皇帝常在这里举行大型宴会招待王公大臣，届时坐在楼上的大臣们可以轻松地把下面的表演一览无余。下面的人们也可以在宽阔的场地上尽情挥洒自己的演技，可以说是达到了各得所需、两全其美的境地。

宋辽金时期的宫殿建筑也没有实物保存下来，但依然阻挡不住人们探寻的步伐，经过大量的考古研究，我们才有幸回味那段时期经典的建筑。这时期的宫殿建筑布局仍然是前朝后寝的形式，但具体的布局结构更加灵活，实行因地制宜的处理方法。

金代的宫殿建筑一般是沿用现成的辽代的宫殿，并在此基础上扩建而成。金中都平面近似方形，分为中央区、东区、西区三部分。中央区为朝寝区，外朝和内廷皆在此，外朝有两座重要的殿堂：大安殿和仁政殿。东区是皇子及皇太后居住的地方，西区是园林及嫔妃居住的场所。"有数殿，以黄琉璃瓦结盖，号为金殿，闻是中宫。"金中都是少数民族中的女真族所建，但很多

沈阳故宫凤凰楼

建筑都是仿照宋朝东京宫城宫殿的设计布局,一般认为金中都是那一时期中国传统的宫殿建筑的代表,是在建筑史上占据重要位置之一的宫殿。传统宫殿建筑唯我独尊的审美需求和实用功能都在金代宫殿建筑中完整地表露。

元朝在窝阔台时即已是"奠定世界强国之根基,建立繁荣昌盛之基础"了,到忽必烈统治时期更为兴盛。元大都在今天的北京这个地方的建立大致有三个过程：中心宫城宫殿建设、居民区建设、后代添建。其中第一个过程所营建的部分，即我们在这一章节要介绍的宫城宫殿。元大都是宫城和都城轴线合一的形式，殿堂基本呈对称分布。元大都宫城被称为"大内"，它是大都宫殿建筑的主要所在。

元大都大内轴线上的主体建筑为大明殿和延春阁，两组殿堂的布局沿用宋代做法，采用工字殿的平面形式，即两殿后各设一寝殿，各自组成一个前朝后寝的完整布局，分别围成一个两组相独立的区域。

元大都大内的一些建筑还体现了蒙古人的宗教信仰和习俗，如在大内西北角建立一组建筑独立区，是供佛和饮酒及举行祭祀活动之处。蒙古族一向有豪饮的习俗，在宫殿建筑里，大酒瓮是必不可少的陈设之一，如大明殿的酒海为"木质银裹漆瓮，一金云龙蛇绕之，高一丈七尺，贮酒可五十余石"。

总体看来，元大都吸收了汉族传统的宫城布局结构，但也有所发展，同时还融合了特有的民族风情等，使元代宫殿呈现出汉族和蒙古族文化相结合的建筑风貌。

在中国各朝代传统的建筑中，具有文献记载的较为著名的宫殿，我们已经熟知，前面已经介绍，但那些只能凭想象去回味它们的风采。迄今为止，保存最好，也能让我们亲眼目睹其风姿的宫殿,恐怕只有明清时期的北京故宫和清朝的沈阳故宫。

集中国古代宫殿建筑之大成,是现存最完整的古建筑群之一,生长在华夏民族的我们谁会不知道它:北京故宫。它经历了几百年的世事变迁,见证了多少位皇帝的生平事迹,却依然巍峨壮丽,依旧如昨日的颜貌,只是物是人非,昔日宫廷内的欢喜、喧闹、争斗等等都早已不在,如今,只剩下冷冷清清的宫殿建筑让人追溯回想。

北京故宫是明清两朝的紫禁城,始建于明朝永乐年间,清代进行了重修和扩建。清代的紫禁城无论从建筑的装修、结构规模等,都比明朝有过之而无不及。故宫的建筑是中国封建建筑历史上的最后一个巅峰。这座辉煌的紫禁城占地72万平方米,从总体上看,紫禁城主要分为前朝和后廷两大部分,主要建筑都建立在贯穿整个紫禁城的中轴线上。

"择天下之中立国,择国之中立宫。"历代帝王都把宫殿集中在一座城内,布置在都城的中央位置,将宫城的中轴线和都城的中轴线结合起来。紫禁城建在都城的中央,设有内外三重城垣,两重护城河。这是自周朝就开始使用的布局,即《周礼》中"前朝后市,左祖右社"的规定。紫禁城"前朝后寝"的思想更是主导形式,即以乾清门作为划分施政和宴寝的分界。

同时,紫禁城的布局还充分反映了中国的传统礼仪制度及阴

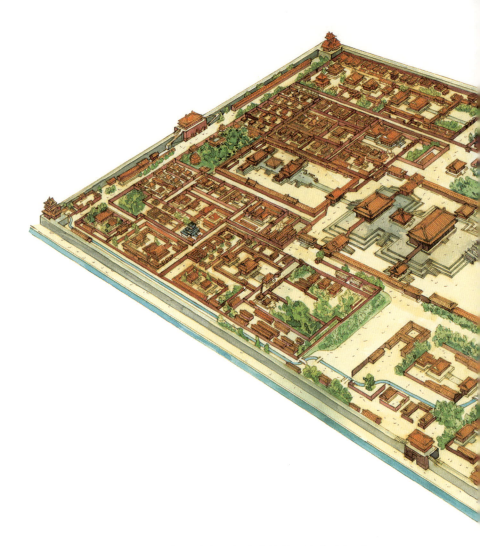

阳五行理论。"五门三朝"制度就应用得非常熟练,从大清门到宫殿等一系列的门殿明确标示出了五门与三朝。紫禁城内用九五之数象征天子权威的建筑构件或装饰件更是数不胜数,如台阶、屋顶、彩画等等,处处体现着至高无上的地位。紫禁城的东西各六宫象征了"六宫六寝"。这种宫寝制度也在《周礼》上有规定。

紫禁城的一切都是华丽的,一切都是精心规划设计的,一

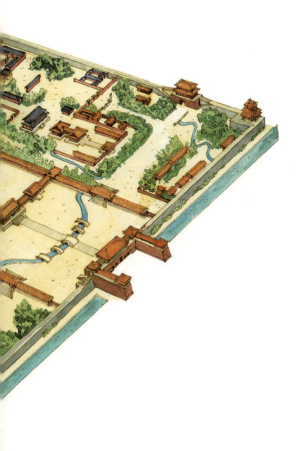

北京故宫俯瞰图

切建筑都是用名贵的材料建造的,在这一切都是精华的宫城里,24个皇帝曾在这里生活居住过。紫禁城可谓是富饶充实的宫廷生活的具体真实展现。

　　紫禁城把中国传统社会的建筑精神体现得淋漓尽致,反映了古代工匠高超的技术水平。空间丰富变化形成的群体组合,千变万化,空间的艺术魅力表露无遗。建筑的装饰装修艺术是博大

宫殿建筑

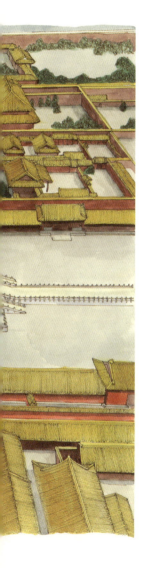

北京故宫后三宫全景图：乾清宫、交泰殿、坤宁宫

精深的最直接体现，集合了当时国家最高的水平。建筑的设计布局灵活多样，展现了政权的尊贵、庄严。中国传统宫殿的精髓都在这里一一展示。殿宇巍峨，庄严肃穆，庭院疏朗，浑然天成，飞檐斗角的形状宛如神工。内部的建筑主次分明，互相遮挡的宫门重重，幽深辉煌，这一切使紫禁城的九重宫阙深不可测。

鬼斧神工的宫殿建筑美轮美奂，但是大部分都已随着无情的岁月灰飞烟灭，幸而有明清的北京故宫和沈阳故宫依旧保存，可以让我们近距离、真实地欣赏。而我们有幸看到的这些宫殿又是历代建筑精品的荟萃，是其发展鼎盛期的佳作，是珍藏了几百年的经典，是在历经了沧桑之后的辉煌再现，是集合了富丽典雅的精华所现。所以，我们何其幸哉，留存的宫殿建筑也何其幸哉！

雨中春树人家

礼制建筑

至诚不苟祭祀尊神

古代礼制听起来离我们很远，可仿佛又如昨日之事，影响了无数代人。提起它，也许有人会感慨良多，有人会深恶痛绝，有人会一无所知，也有很多人会心有余悸。

"礼"源于儒家思想，在古代是作为治国的仪式而产生的。孔子说只要把祭祀活动做好，治理国家也就不费劲了，于是就掀起了举国大建神坛庙宇的热潮。这样的建筑热潮此起彼伏，兴盛不衰。礼制建筑一般就是指坛庙祭祀类建筑。礼制建筑是维护等级制度的精神支柱，不论是帝王之家还是寻常百姓门户都不乏礼制建筑，这样的建筑形式流传广泛，影响深远。

山东曲阜孔林

礼制建筑的代表是孔庙,其中以山东曲阜的孔庙最负盛名。建筑是文化的一种反映,孔庙当然与儒家文化有着千丝万缕的联系。"以一处建筑物,在二千年长久的期间里,由私人三间的居室,成为国家修建、帝王瞻拜的三百余间大庙宇……姑且不论现存的孔庙建筑与最初的孔子庙有何关系,单就二千年来的历史讲,已是充满了无穷的趣味。"梁思成的这一段评论真是恰

雨中春树人家

到好处,指出了孔庙的深刻意义所在。

　　古城曲阜名胜古迹众多,唯孔庙显得突出,与众不同。孔庙最初就是孔子的三间故宅,约建在公元前478年。后代逐渐修缮和扩大,现存的孔庙是明清时期建造的。

　　孔庙位于曲阜城中心,南门正对曲阜城南门,孔庙把城分为东西两部分。孔庙仿照皇宫的体制,平面呈长方形,以中轴线贯穿南北，建筑左右对称，南北有八进院落。前三进院落是孔庙的引导部分。以十三碑亭院为界，把引导部分和北边的祭祀部分一分为二。北面的五座门将人们引进了孔庙的主体建筑群，这里有三条路，中间的大成门和左右两门都通往大成殿。大成殿是祭祀孔子的主要场所，殿内极其华丽，绝不亚于皇家建筑的雄伟壮丽。西边是启圣门，可到达祭祀孔子父母的西配殿。东边的崇圣门，通往供奉孔子上五代祖先的东配殿。

孔庙内有孔子亲手所植的桧树，据说这些桧树不但能死后复活，还能预报世道的好坏，金代时这些桧树被毁于战火，天上出现了五彩的云，云中群鹤翔鸣，盘旋良久才离开。清朝时期，毁掉的桧树重新复活。那时正逢雍正时期，人们预言国家将要强盛。现在还可以在大成门内看到一些傲然挺拔的桧树。

孔子得到了历代帝王的尊崇，他的谥号总是一升再升，孔庙的规模也总是一扩再扩。他的儒学思想总是影响广泛，成为中国传统思想文化的正统。两千多年来的古代社会总是笼罩在他的光影下。人们认为儒学是理性的，是清醒的，更是现实的，是符合时代发展规律的，因此孔子受到各个时期、社会各界的尊崇。统治者在不断抬高孔子和优待孔子的子孙的同时，也在各地都兴起了修建孔庙的活动。宋代范仲淹首先将府学与文庙结合在一处，学宫为习文之所，文庙为演礼之所。此后，各地的文庙孔

山东曲阜孔庙

礼制建筑

山西平遥文庙

庙如雨后春笋般涌现。如天津的文庙，河北的文庙等等，几乎全国各地都有，甚至在书院里也建有文庙，如北京国子监的孔庙，岳麓书院的孔庙。到目前为止，除山东曲阜孔庙之外，保存较好的以山西平遥的文庙最有代表性。

山西平遥文庙位于平遥县城的东南角，始建于唐朝。我们现在看到的大成殿是金代重建，是我国文庙中仅存的金代建筑。平遥文庙规模也较宏大，历来是县学所在地，直到2003年平遥中学才从这里迁至新校区。文庙与城西南角的武庙对称，形成"左

山东邹县孟庙

"文右武"的布局,文庙的大成殿,平面规划和营造手法皆具有宋代遗风,所以确定是金代初建的面貌。内部的神坛端坐着孔子高大的塑像,两旁神龛中为"四配",坛下两侧为"十哲"。

说起孔子人们自然会想到孟子,"孔孟桑梓之邦,文化发祥之地"。孟子的故乡毗邻孔子的故乡,因此常被人合称为"邹鲁"。孟子也是儒家思想重要的奠基人,为了纪念他,在他的故

礼制建筑

乡山东邹县建有一座孟庙。提到孟子我们不应该忘记他那位卓越不凡的母亲。"孟母三迁"的故事万人称颂：一迁是"墓间戏嬉"，二迁是"嬉戏为贾炫事"，三迁是"嬉戏设俎豆，揖让进退"。"三迁辛劳傍书堂，始信慈亲有义方，一断机丝延圣绪，丈夫空自说刚肠。"这些故事表达了一位志存高远的母亲在教育孩子问题上的策略和智慧。

孟庙始建于宋朝，由孔子的第 45 代孙孔道辅建立，位于孟子墓旁边。但因距离城区远，瞻仰不便，后改建于县城外。又因地势较低，雨水浸湿，搬迁于城南现址。后又经过历代的修建，才形成今天的面貌和规模。孟庙平面呈长方形，为五进院落，前三进院落为引导性庭院，后二进又分为三路，主体建筑是亚圣殿，以此为中心，南北中轴线的建筑左右对称分布。

亚圣殿呈现一派金碧辉煌的宫殿式风格。大殿的四周挺立 26 根石柱，柱子平面呈八角形，门两侧的四根柱子雕刻的龙在云中漫游，鲜活生动，是别处罕见的装饰。亚圣殿前面的东西两庑陈列着汉画像石，是从邹县出土的石刻。石刻的内容丰富：玉兔捣药、仙人戏凤、女娲造人、胡汉战争、歌舞杂技等等。这些珍贵的文物，具有重要的历史价值。

在中国传统的礼制建筑中，关帝庙也是常见的建筑形式之一。关公即关羽，三国时期蜀国的名将，他一生以正直勇敢著称，

山西解州关帝庙

有关他的许多故事家喻户晓。因此,祭祀关公的庙宇也非常之多,它们被统称为"关帝庙"。其中,最具代表性的一座关帝庙坐落在晋南大地享有聚宝盆美称的山西运城解州。这里的关帝庙是全国最大的。与孔子的文庙相呼应,它又被称为武庙。

解州的关帝庙始建于隋朝,清代修复。关帝庙分为前后两部分,也是采用主建筑集中在中轴线上,整体呈左右对称的布局。

关帝庙融合了传统建筑的特点，为前堂后寝的布局制度，也具有皇家宫殿建筑的特点，如三朝五门的体现，院落内设有钟楼鼓楼等，这些是从佛教里借鉴的。此外，关帝庙还兼有文庙的规划布局，如春秋楼的建造就是受到文庙藏经阁的影响。

在三国后的几百年里，关公都默默无闻，为何慢慢神化了呢？隋朝史料记载，一个和尚月夜在金龙池悟禅，突然一个留着长髯、仪表威严的人对他说，我是汉代的前将军关某，死有余烈，上帝命主此山，敢问法师何处驻足？和尚说想在此建立道场。那人便对他说：这里不远处，有一座像帆船的山，愿意给禅师，建立佛塔，以护佛法。一周后，瀑布深潭化为平地，新建的寺庙壮美富丽，从此关羽成了庙中的护法神。隋之后，历代几乎都有关公的记载，并逐步神化，成为今天的神话人物。

古代对自然神的崇拜可以说是自人类出现就开始了，原始社会时期就有对鬼神的崇拜。目前已发现的最早的祭祀自然神的祭坛，据推测出现于新石器时期，为露天的一座方坛和一座圆坛，都为石块堆砌。周朝记载中，也有关于天子在高台上举行祭祀天地的活动。以后历代，无论是普通百姓还是帝王都有祭祀自然神的活动。

现存最大最完整的祭天坛庙要数北京的天坛，北京天坛是明清帝王祭天、祈谷的地方，也是现存最大的祭天建筑群。天是主宰万物的神，而帝王则是真龙天子，因此祭天活动成为统治者特有的重大活动。恢弘壮丽的天坛位于北京城的东南部，始建于明代。初期是作为天地合祭之处，所以称天地坛。明后期，在北京城北部又建造了地坛，便将天地坛改为天坛。天坛经过乾隆年间的大力修葺，才有今日的规模。

天坛平面布局呈"回"形，分为内外坛，整个平面呈北圆南方的形状，象征着天圆地方。其中，处于北部的祈谷坛的主体建筑祈年殿高三层，与整个祈谷坛景观相映，显得和谐大气。在祈年殿内，有一块特别的圆心石铺地，恰似"龙凤呈祥"的纹样。据说这个纹样还有一段来由：最初在祈年殿顶上住着一条龙，地面住着一只凤，日久生情，成为一对。一天龙凤在地上谈情说爱，皇帝朱厚照一心只想祭天，没有注意到龙凤，而龙凤太投入，也没有注意到人，皇帝跪拜时将龙袍压在了龙凤身上，它们就被压在了地面上，成为今日奇特壮观的龙凤石。

与北部的祈谷坛相对的是南部的圜丘坛，它是天坛祭祀的主体建筑。圜丘坛也是一座三层的汉白玉圆台。圜丘坛的建筑艺术效果被发挥到了极致，三音石、回音壁、对话石等等，奇特而又有科学道理。同时，圜丘坛的台面层层高升，俨然一处皇帝与天地对话的绝佳而神圣的场所。想当年，皇帝一声呼唤，很大的回音从四面八方传来，空旷浩渺的云烟升腾，空辽寂阔的

雨中春树人家

北京天坛圜丘坛

声音直入人耳,能不神奇吗?皇穹宇是圜丘坛重要的附属建筑,位于圜丘坛正北不远处,它是供奉"昊天上帝"牌位的地方。

　　走进天坛,足以让我们领略皇帝祭祀自然神灵的美妙境界。帝王"受命于天",祭祀就成为盛大的典礼,是一种至高无上地位的体现。天坛是古代最高封建等级的礼制建筑,包含了华夏数千年的文明精粹,同时,还体现了古代的历法、绘画、天文、历史等丰富的内容。天坛内松柏森严，古木参天，肃穆静谧。畅游天坛，在抬头回首之间，权威的力量与神灵结合在一起，让我们重新思考，真的有一个万能的天神在无形地为我们播撒祝福吗？从祈年殿到圜丘坛，走过漫长的路程，孤独的帝王心中真有对神灵的无限虔诚吗？如果没有了天地神灵的权威庇护，帝王们是否还能权倾天下？如今的天坛依然矗立，可昔日祈祷的帝王不在了，政权更不复存在了。祭祀自然神灵真的会灵验吗？

  古代的人们对山、川、日、月、天、地既充满了好奇，又心怀疑惧。凭借当时不发达的科学认识能力，推想大自然的一切都与人类有某种关联。皇帝代表百姓，祭祀这些自然神，只为祈求天下太平，国泰民安。这一切，是为了大众的安定，为了国家的昌盛，更是为了巩固自己的统治。中国的庙坛祭祀建筑是一种奇特的建筑类型，被认为是一种国家管辖的准宗教建筑，它有辉煌的建筑形象，供奉的是伟人或神仙；它也有一系列敬拜的礼仪制度。自然神坛庙和祖先祠祀是礼制不变的主题，礼制建筑于喧嚣中见平静，在富丽繁华上求简朴的风韵，在清闲幽适中品庄严深沉。礼制建筑在无形地体现社会历史及艺术语言，如果要说沉淀了几千年的宗法制度与祭祀传统非要有一个建筑形式来表现的话，那也许只有礼制建筑了。

城池建筑

历尽沧桑固防自守

　　从来没有一个地方能汇集如此多的人流,也从来没有一个地方能拥有如此多鲜活的兴衰存亡。一个王朝在这里倒下了,另一个王朝从这里兴起。政权更替,兴废无常,在一个国家的防御系统中,有什么能比城池防御建筑重要呢?"只今唯有西江月,曾照吴王宫中人。"世事难料,繁华有尽,往事犹如昨日春水奔流到海不复返,只能任人无限地凭吊和惋惜,物是人非的无限怅恨之感尽在城池建筑里上演。

　　古代的统治者为保护自己的安全,从春秋战国一直到明清时期,各朝建立的都城都有城郭之分。"筑城以卫君,造郭以守

北京密云司马台长城

民",两者息息相关,且职能明确。城是保护国君的,郭是守护人民的。一般采用"内之为城,城外为之郭"的布局。

唐宋时期,府城通常有两道城墙,明清时期,一般筑造四道城墙。城池建筑是为统治者服务的,一切都要围绕统治者的意图而展开。一般是依照宫城、皇城、都城和外郭城的布局,为加

雨中春树人家

强城门的防御能力，许多宫城设有多道门，有的还在城外建造被称为瓮城的小城，还有守卫或指挥战争的城楼、敌楼、角楼等防御设施。

在明代之前，这些坚固的防御设施一般是用夯土做的，明朝时，开始普遍用砖包夯土来建造。

纵观古代的城池建筑，大多采用平面呈正方形的形状，也有长方形或不等边形。建造为正方形和古代人们的思想意识有关，只有居中，才能稳定长久，牢固稳重。《周礼》："匠人营国，方九里，旁三门，国中九经九纬，经涂九轨，左祖右社，前朝后市，市朝一夫。"这样的城市布局与建筑方法为历代所沿用。

作为中国古代历史上最大的城市之一——唐长安城，也是当时世界上最大的城市之一。唐代时，社会各个领域发展都较为兴盛，而建筑作为当时社会文化的一种反映，也得到了空前的发展，呈现出前所未有的形式。长安城的布局是体现古代都城严谨风格的典范，它是在隋朝大兴城的基础上改造修建而成的。《长安志》记载："外郭城东西十八里一百一十五步，南北十五里一百七十五步，周围六十七里。"长安城平面近似方形，城墙全都是夯土建筑，各城门上都有城楼，每门都有士兵把守。

长安城内东、西、南为里坊和集市，中部偏北为皇城，皇城正门是朱雀门。皇城的南部为坛、庙和府衙,北面为宫城,宫城的正门为承天门。朱雀门和承天门都在长安城的中轴线上。从城郭到皇城、宫城,建筑体量由小到大,由简单到复杂,由简陋到富丽,城墙逐渐升高,节奏越来越紧凑,建筑装饰也越来越浓郁热烈,最终一切都集合于至高无上的帝王那里。可惜现在我们只能凭借想象去追寻当年的气象。

经历了大自然漫长的磨砺与岁月的流逝,留存到现在的古代建筑可谓珍稀,即使断壁残垣也令人回味。如苍茫中走来的平遥古城。平遥古城是我国现存最完整的城池建筑之一,据说它始建于西周时期,也有人认为在北魏年间建造,无论建造于何时,现在看来都已是暮年沧桑了。

现存的平遥古城平面呈方形,整座城由城墙及城墙上的马面、挡马道、垛口、城门、瓮城等构成。城门处都建有重门瓮城,城墙顶部的附属建筑物包括角楼、敌楼、城楼、文昌阁、魁星楼等。城内有马道,城外有护城河。远观平遥古城,恰似一只修行千年的乌龟,在一步步朝我们走来,再和周围山明水秀的景色相搭配,不由得让人发出感慨:"龟前戏水,山水朝阳,城之修建,以此为胜。"

打开一座座古老的城门,平遥的历史就再现在我们的眼前。利用宽深的壕沟阻挡敌人的进攻,原始社会就有了这样的布局,

护城河就利用了这样的原理来保护城墙。平遥古城的护城河较浅,大约三米多深。也许这样的建造是为了在城墙失火时保证水的供给。平遥的城门全为砖砌的拱券形,内设厚重的木门扇,上面用铁皮包裹,减少了火攻的危险性。

　　平遥城墙的第二道防线就是瓮城。瓮城是建立在大城门外的小城。瓮城与大城门呈90度角,这样科学合理的设计有效地拖延了敌军的进攻速度,使守城方有充裕的时间可以更快更好地组织

山西平遥民居

山西平遥古城墙

军队来打击敌军。这或许就是所谓的"瓮中捉鳖"最形象的反映。

平遥的城楼,气宇轩昂,为三重檐二层七檩歇山回廊式。平遥的角楼旌旗飘扬,为砖木结构的二层楼阁。平遥的敌楼文武相济,二层硬山顶,既体现了孔子仁厚思想的至高境界,也兼有武道的强烈之势。

"秦时明月汉时关,万里长征人未还。"自秦汉以来,一座座城池的修筑,与华夏民族的历史命运息息相关。位于辽宁省葫

芦岛市西南部、辽东湾西岸的兴城古城,也是一座保存较好的城池防御建筑,并且还是一座县级古城。

兴城原名宁远州,始建于明宣德三年(1428),是辽西走廊的军事要塞,清代又进行了大量修建和扩建。清代《宁远州志》记载:"宁远城周围五里一百九十六步,高三丈;池周围七里八步,深一丈五尺,门四;东曰春和,南曰延辉,西曰永宁,北

北京前门城楼

曰威远。外城周围九里一百二十四步,高如内城。明季增筑四门:东曰远安,南曰永清,西曰迎恩,北曰大定,四角俱设层楼。"兴城古城中,方正的城垣,居中的鼓楼,稳固的正穴,左文右武,前朝后宅,城外设坛,这一切都体现了我国古代城市的传统布局。

在中国历史上,有这样一座城,它曾是万千兵家竞相争

北京前门箭楼

夺的宝地；它经历了无数次战火与血的洗礼，今日依然巍峨矗立，诉说着历史的沧桑，也展示着中华民族的骄傲。这就是北京城——一座帝王都城。

如今的北京城虽然已经没有了旧日惊心动魄的战争场面，没有了人世间的刀光剑影、悲欢离合、赞叹哭泣，但那一段段城池建筑所铭刻的历史，依然震撼人心。

明清时期的北京城是在元大都的基础上改建而成的。为加强防卫，明代嘉靖时在原城的基础上，又加了一圈外围的轮廓，也就是外城，但实际上只加建了南面一段，不过却因此使原城变成了内城。北京城的城门很多，明清时期仅内城就有九门，正阳门是正门，是皇轿官车的御道，是天子之门。其他的门也各有各的用场：宣武门是囚犯所经之地；阜成门走煤炭车；西直门水车来来回回；德胜门是军队出城打仗时的必经之门，名字即寓含着旗开得胜之意；安定门走的是粪车；东直门木材车穿梭而过；朝阳门是供运粮食的车辆借以往返的；崇文门供酒车通过，等等。每个城门分工明确，虽然车流人流如涌，但城内依然井然有序。

城门上一般都建有城楼。城楼是建立在城墙上的多层建筑，供远望、监视敌情、射击敌人。北京城现存最高的城楼是正阳门（前门）城楼。正阳门城楼为三层歇山重檐顶，第三层是夹层，人不能上去。城楼面阔九间，进深五间，檐柱的间距逐渐向转角处递减。最富有美感的还是二层的楼阁，四周都有平座挑出，类似现在的阳台。平座的雁翅板上绘有连续的如意装饰纹样，远看熠熠生辉。红墙红柱红门窗，檐下平座、额枋等都以蓝色绿色相互搭配装饰，上下的颜色形成强烈鲜明的对比，自然使建筑绚丽多彩，让人赏心悦目。城楼显得楚楚动人，色彩纷呈，让人目光凝视不忍离去。

迄今为止，北京城的箭楼只有前门和德胜门还保存较好。德胜门原建有城楼、瓮城和箭楼，目前留存的只有瓮城上的箭楼。相比前门的箭楼，德胜门更好地保存了原始的风貌，而前门的箭楼，于新中国成立后改建，大大地破坏了原来的建筑形式，变得面目全非。德胜门的箭楼位于北京内城，初建于明朝。德胜门的箭楼与前门箭楼相似，平面呈凸形，前面有抱厦，高为四层，第四层向内收缩，每层都开有瞭望的小方窗，遮遮掩掩地好像要传达什么，却又戛然而止，意犹未尽。整个箭楼上小下大，上轻下重，构造稳定，敦实庄重。

与箭楼相似的是角楼，北京城的角楼一般形制都相似，且都位于城角处，平面呈曲尺形，现在建国门南侧有一座幸存的角楼，称东南角楼，可以说是那一时代的代表了。角楼有四层，有三间凸出的抱厦，它是箭楼的形式，墙体上有一排排整齐的箭窗，灰色的瓦，屋檐下青绿色的彩画，但还有一处别样的红，就在山墙上部的山花和墙上的门窗上。红绿相间，如山林中一丛有新意的花草，虽然没有什么惊人之处，但却能让人驻足回味。

此外，在故宫四角的城墙上各有一座角楼，这里的角楼与内外城城墙上的角楼有较大的不同，素有七十二条脊之称，角楼的平面呈曲尺形，高四层，三重檐歇山十字顶，顶部装饰较

北京建国门东南角楼

艳丽,黄色的琉璃瓦金光闪闪,屋檐伸出,飞扬灵动,参差有序,壮观威严。

中国古代一般在城内都建有高大的鼓楼和钟楼,它们往往也属于城池建设的一部分,是一个城市的标志,其高大宏伟不输于一般的城楼。钟鼓楼在一段时期内主要作为全城的报时中心,矗立在繁华的街头或商业区,方便人们的出行。最早的鼓楼

北京鼓楼

是为传递信息和瞭望所用,具有一定的防御性。但随着社会的慢慢发展,鼓楼的原始作用已经消失。

  北京城内的鼓楼始建于元代,现存的鼓楼为三层的楼体,位于地安门外大街的北端,高大的鼓楼下面是砖砌的墩台,墩顶上加筑腰檐。墩台上为木构架的楼阁。如今鼓楼已经不再有击鼓报时的作用了,成了纯粹的纪念与观赏性建筑,更多的人可

北京钟楼

以登楼凭栏远眺北京城的风貌。

　　北京城的钟楼与鼓楼一样也是初建于元代,地安门外现存的钟楼为清代时建立。钟楼为重檐歇山顶,黑色的琉璃瓦,绿色剪边,下层部分与鼓楼相似,左右各有一个石雕窗,整体上看钟楼比鼓楼高,楼体内部结构为无梁拱券形式,全为砖石所砌,这是北京钟楼最富有特色的地方。明代时期,楼阁内挂着一口大铜钟。

关于这口铜钟还有一段凄恻哀婉的传说。当时皇帝为造出满意的钟，千里挑一找出一位著名的工匠来铸造，但因所需要的铜钟巨大，一次次都不尽如人意。皇帝很着急，便给了工匠最后一个期限，若是铸造的钟还不能令人满意，就会有杀头之祸。工匠急在心里，便搜集了很多的柴火，可在最后一炉，火势依然不够。眼见要功亏一篑，在旁边的女儿为挽救父亲和其他工匠的性命，跃身火海，铜钟终于铸造成功。

古代人修筑城池建筑只有一个简单的目的，那就是防御外来侵略，保护国家和内部人民的安全。但即使再强大的防御系统也抵不过内部的不攻自破。防御的堡垒修了又修，民心的向背却不是修道城墙可以左右的，因此，朝代更替的历史剧屡屡上演。"古来青史谁不见，今见功名胜古人。"至今依然留存的城池建筑，像一个个活石化，见证了历史的风烟，朝代的更迭，时光的变迁，留给后人的是不尽的感叹和沉思。

装饰手法

祥和意美永续佳境

"人靠衣装马靠鞍",装饰是建筑不可或缺的重要手段。"红花也需绿叶扶",装饰可以说是建筑的一件外衣,我们很容易从建筑的装饰上分辨出是民间建筑还是皇家建筑,也许这就是建筑装饰的一个重要特征。

有人认为中国传统文化的基本精神涵盖四大方面,即"以人为本的人文主义价值系统;自强不息、豁达乐观的民族心理;观物取象、整体直觉的思维方式;超越宗教、天人合一的审美理想"。建筑是凝固的美学,天人合一的思想在此表现为建筑也要体现人与自然和谐统一,要塑造纯真的自然形象。

雨中春树人家

装饰手法

北京故宫太和殿

雨中春树人家

人们常以雕梁画栋、绣栭云楣、青锁丹楹等词汇来形容古建筑装饰的华丽多姿。彩画最早是为避免建筑被风雨日光所侵蚀而用油漆涂刷房屋的装饰手法。从战国时期开始，宫殿建筑就涂漆画彩。明清时期是我国彩画发展的活跃时期。彩画有官式和地方的做法之分。官式建筑的彩画具有最高的水平和权威性。清代官式彩画，如故宫的装饰，太和殿、皇极殿内的蟠龙金柱，一改通用的做法，采用通体沥粉贴金，与室内的其他装饰形成鲜明的对比，强调了君临天下，唯皇帝独尊的地位。与此相同的还有祭祀家庙的奉先殿，均采用贴金的做法。

清代建筑的彩画达到了空前的水平，收获了累累的硕果，成为今日人们见到的典范实例，建筑的彩画有很多种类，如和玺彩画、旋子彩画、海墁彩画等，仅和玺彩画就有数种不同的等级：金龙和玺、金凤和玺、龙凤和玺、龙草和玺等，不同的图案装饰在不同的部位。不论装饰在哪里，都少不了富丽华贵的样式。一条条张牙舞爪的龙生动活泼，造型不同，平行卧坐，腾飞跃动，腾云驾雾，栩栩如生。凤是龙的陪衬，龙缠绕着凤，凤围绕着龙，龙凤舞动，龙凤呈祥。

建筑的装饰不可能脱离社会的语境，在等级制度严明的古代社会，建筑当然也体现了等级的差别和特征。

藻井一般是在一些等级较高的建筑中才用到，比如皇家宫

北京颐和园彩画

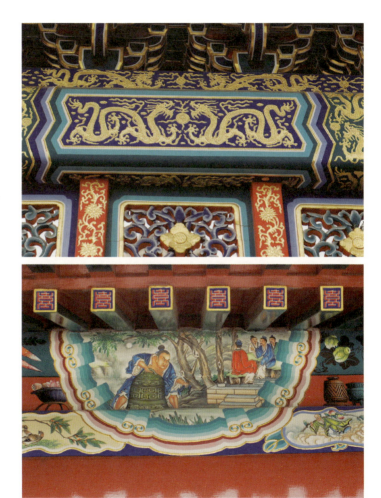

雨中春树人家

殿和寺庙殿堂中。当然部分民间建筑中也有使用，比如在一些戏台的顶棚上。藻井是最华丽的一种天花，是古代建筑中一种较为华丽的室内装饰，一般用于室内顶部。

藻井以及藻井周围的建筑内顶上一般都绘制彩画，图案各异，龙凤的造型较特殊，龙占多数，等级最高。在宫殿建筑中，龙是帝王的象征，在装饰中占有统治地位，如故宫的天花和藻井，多数都有龙的图案。龙像是一条条舞动的精灵飞跃人间，围绕在帝王的周围，无比神圣。故宫的藻井多数贴金，金碧辉煌，色彩绚丽，如伞如盖，将装饰效果与帝王的权威很好地融为一体。

建筑中的彩画大多是绘在梁、枋、天花等处，而藻井更是只运用在建筑内顶部位。相对于这两者来说，建筑中的雕刻可以说是无处不在。

中国传统建筑雕刻主要有三种：木雕、石雕、砖雕。木雕是我国传统建筑雕刻中数量最多、最为常见的一种雕刻形式，最早可以追溯到6000年前的河姆渡时期，现有很多当时的木雕出土。之后的夏商文化遗址中，更有大量的木雕器物出土。距今3000年前的殷商时代，在建筑中已使用木雕。但我们今日所见的建筑木雕装饰大都是明清时期遗留下来的。

明清时期的木雕，题材样式多，工艺更精湛，光彩夺目，精彩纷呈。中国传统建筑装饰的木雕一般有大木作雕刻和小木作

北京故宫太和殿藻井

雕刻之分，大木作雕刻即梁、枋、斗拱等运用在大木作建筑中的构件上的装饰雕刻，小木作雕刻即包括家具在内的细木工装饰雕刻，往往根据不同的部位和功能雕刻不同的内容。

木雕艺术通常对木材的要求较高，尤其是在一些等级较高的宫殿建筑中，大都选用质地较硬的名贵木材，如紫檀、楠木、红木等。这些木料坚韧细腻，纹理清晰，不易腐蚀变形和遭虫蛀。

浙江东阳木雕

装饰手法

众雕齐集，各具千秋，辽阔的地域，不同的人文风情，不同地区的不同艺人各显身手，形成了不同的木雕艺术特色。北方的木雕风格粗犷大方，豪迈奔放，尤其以皇家宫殿中的木雕为最。南方的木雕柔和细腻，温文尔雅。北方的晋中地区，木雕具有很强的地方色彩，装饰的内容大多是一些传统的吉祥图案，富贵荣华、步步高升、封官晋爵、五德俱全等。南方木雕因苏州园林而闻名，这里曾流行"无雕不成屋，有刻斯为贵"，苏州园林建筑的木雕精致，富有灵性，清秀纤巧，以具有审美情趣的纹样为主要图案，山水花鸟、人物故事、吉祥如意等，云纹飘逸，风格文雅，清秀隽永。

石雕的历史也非常久远，只略逊于木雕。大约在秦汉时期，我国已经出现大型的墓前石雕，气魄雄浑，简练大方，富有动感。西汉时期出现画像石的萌芽，在坚硬的石头上雕刻画面，用于墓室、石棺、石阙等建筑，为墓主人歌功颂德。

从魏晋南北朝直至隋唐时期，因为统治者大力凿建石窟寺，所以，今天留存有当时大量的石窟寺石雕，并且大多属于大型石雕，成为我国石雕史上辉煌的一页。就石窟寺雕刻来说，其他任何时期均无法与这一时期相比。当时很多的石雕都出自民间工匠之手，他们的宝贵经验和智慧的心血成为后人借鉴的楷模与典范。

山西祁县民居石雕

　　如果不单看石窟寺石雕，而从整个石雕的发展来看，那么隋唐之后的宋、元、明、清石雕艺术都有很大的进步，数量更多，内容也更丰富。尤其是明清两朝，是我国建筑艺术发展的成熟期，石雕艺术也不例外地达到了发展的顶峰。

　　明清时期的建筑石雕继承了唐宋的遗风，细腻流畅，比例适当，趋向于精细，气势不再狂放，略有收敛，民间建筑中的石雕的使用也渐渐普及，民居、祠堂、牌坊等处都常用。在建筑的构件上，如门楣雕刻、石基雕刻、石柱雕刻等比比皆是。石雕

山西祁县砖雕

本身既可以是独立的艺术品,也可以是建筑的局部或构件。一件精美的石雕是一件完美的作品,材料也是石雕至关重要的因素。建筑石雕所用的材料较多,如汉白玉、青白石、花岗石等。雕刻的手法也很灵活,平雕、浮雕、透雕等。一件件精雕细琢的石雕,为建筑增添了无穷的色彩。

当然,因为我国地大物博,石雕又有南北地域之别,风格各具。北方的雕刻浑厚朴实，凝练疏朗；南方的雕刻纤细精良，精巧秀美。在传统建筑的石雕中，工匠赋予了坚硬的石头以神奇的技巧，鬼斧神工，使它们变成不朽的艺术品。

砖雕最初是模仿石雕的形式而出现的，唐家路先生曾说："砖雕在不经意间暗合了'金木水火土'相生相克之道：取材于自然界唾手可得之土与水相合，成为泥筋，再以木生火，烧制成坯，借金之力，雕凿成花，完成了五行相合的历程，最后镶嵌于建筑之上。"

砖早在商周时期就在建筑中使用，春秋战国时期出现了印纹砖。汉代时，画像砖盛极一时，有了雕刻图文的实心砖。但是，一直到宋代才有了真正的砖雕的记载，而且当时虽然已经出现，但还没有广泛地应用于建筑中作为装饰的构件。元代时，砖雕开始大量地在建筑中使用。

明清时期是我国古代社会的晚期，也可以说是社会各个领域都发展到成熟乃至极致的时期。砖雕也不例外，尤其是在清朝，砖雕在全国普遍运用，也形成了南北方不同的风格。在这一点上，砖雕与石雕很像。砖雕的用料一般比较严格，尤其是水磨青砖，砖的制作工序较复杂，雕刻的手法较灵活。清代为了突出砖雕画面的层次感，以达到较好的艺术效果，发明了贴砖技术，这样一来，砖雕的艺术手法更加灵活多样了。

云南丽江纳西族民居

砖雕的表现内容也很广泛，有文人雅士吟咏的风花雪月，有农人船夫劳动的场面，当然也有像木雕和石雕那样的吉祥纹样：五福捧寿、太白醉酒、八宝博古图案、福寿喜文字等等。"图必有意，意在吉祥。"这样的寓意是雕刻所共有的美好境界，表达了人们的向往和祝愿。砖雕的身影在民间也处处闪动。源于等级制度的森严，民居建筑不可以施用彩画等作为装饰，黎民百姓只能用雕刻来装饰房屋。

由于各地的文化风土等差异，砖雕也形成了南北方的风格特色，北方的砖雕朴实庄重，南方的砖雕秀丽雅致。

雨中春树人家

北京的砖雕就是北方砖雕中较突出者，在一些府邸或四合院，砖雕的技巧灵活，图案精美，使建筑的形式取得出奇的效果。晋中地区民居的砖雕，在北方地区也独树一帜。晋中砖雕结合了北方淳朴厚实和南方隽雅秀美的风格，堪称是民间建筑砖雕的艺术宝库。雕刻的题材既有儒家追求功名的马上封侯、九路通顺等，也有颇具文人情趣的四君子、岁寒三友等。雕刻手法多样，应用灵活，圆雕、浮雕、透雕等无所不及，北方雕刻的精华皆聚集于此。

南方以苏州园林和古徽州的雕刻最闻名。苏州的砖雕融合了文人气息和民间艺术的精华；向来有"牌坊之乡"的古徽州，砖雕以山水景物为主要内容，当然也有很多民间吉祥图案。

中国古建筑的装饰具有独特的审美情趣、超越现世的精神寄托、雅俗共赏的美学风格、地方特色的民俗乡风；不仅体现了装饰本身的特色，极好地美化了建筑，还从一定程度上折射了中国古代的美学思想和人文理念，是时代精神的一种见证。

结构形式

历史注脚遗韵未尽

纵观中国古代建筑发展史，木构架为主的结构形式一直占据主导地位。从原始社会到清代末年，从未间断。古代建筑的艺术形象可从单座建筑和群组建筑说起。

单座建筑无论从木构架的组合、形状、材料等都进行艺术的加工，达到功能性、结构性和艺术性的协调统一。单体建筑最常见的平面是由3、5、7、9等数的开间组成的长方形，构成一个不可分割的结构。民间单体建筑比较朴素，如小家碧玉，座座小巧简朴，包含着浓浓的地方特色。与民间建筑相比，宫殿、庙宇、府邸的单体建筑趋于高大繁华，气势逼人。这在艺术处理上

北京故宫养生殿

定然要大费工夫。房屋除了有自身的结构功能外，还要构造一些辅助的构件。如房屋的下部台基与柱的侧角、墙的收分等配合，使外观看起来稳固敦实。面阔采取了明间略大的形式，这也在外观上收到主次分明的艺术效果。其他如雀替、月梁、斗拱等，更似艺术品，形象鲜活生动。

　　古代建筑的屋顶是最具魅力的，再和光彩亮丽的琉璃瓦搭

北京故宫中和殿

雨中春树人家

配，使建筑产生独特的艺术效果，具有很强的感染力。尤其是在高空俯瞰时，更具有迷人的形象。一座座造型不同的屋顶，一种种不同颜色的瓦，如一件件精彩的艺术品。屋顶的样式多达十几种，如庑殿顶、歇山顶、悬山顶、卷棚顶等等。还有不同屋顶的组合形式及重檐形式，如重檐攒尖顶、卷棚歇山顶等。真可谓是竞相斗艳。出檐是古代建筑屋顶常采用的形式，目的是保护柱网外围的版筑墙。但太大的出檐会影响室内的采光，若夏季下雨时，屋顶下漏的雨水会冲毁台基附近的地面，因此一般根据合适的尺度来灵活应用。屋顶的构型灵活多样，最富于变化，檐牙高啄，飞檐走壁，钩心斗角，高翘生动。在承德避暑山庄和颐和园里，屋顶的形式变化多端，主次分明。人游走在园中，有如品味一幅山水浓郁的画卷，而屋顶的造型恰似那易变的游龙，总是摆着不同的姿势来迎接参观的人们，时而风情万种，时而深沉含蓄，时而娇小可爱，婀娜多姿，样式不断。

  单座建筑逐渐发展演变，其规模越来越不能满足人们的需求。如一些宫殿、坛庙等都以一些附属建筑来烘托主体建筑的高大巍峨。早在春秋战国时期，宫殿门前开始建立阙，也有门阙合一的阙。到明清时期，阙已演化为午门。东晋时期，在桥的两边建立华表，到明清时期，华表则建立在皇城的正门和天安门的前后，成为标志性建筑。至于牌坊、石狮等等，像是拉开了建筑

北京故宫奉先殿

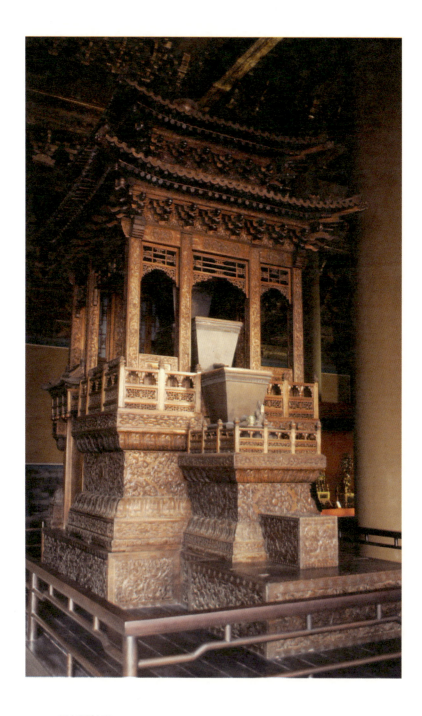

雨中春树人家

的序幕，只是一个开场序曲，更精彩的精华部分还在里面，引人入胜，发人深思。

群组建筑一般以巨大的占地面积为依托，以中轴线将建筑布置在一个个纵向的庭院里，层次突出，加强了纵深感，深邃含蓄。庭院围合的方式大致有三种，廊院、三合院、四合院。每个庭院大小、形状等都不相同。慢慢地走入庭院的中心，地面逐渐抬高，建筑的形体逐渐扩大，人们的视线也不断移向高潮。四周的殿都簇拥着正殿。正殿后面通常有很多的庭院，以高大的楼阁作为群组建筑的结束。如北京的故宫，以天安门为序幕，外朝三殿为高潮，景山为结尾，是古代建筑的一个重要典范。历代群组建筑的布局虽然大小有别，但几乎都是这样的类型。沿着一条中轴线，或对称或不对称串起一系列的院落和建筑物，不同的建筑，不同的空间，不同的布置，营造了不同的氛围，达到某种精神境界，或庄严肃穆，或静谧悠然，或小巧秀美。

苏州的留园，院落的布局最富有情趣。进入园门后，需要经过一条曲折幽深的长廊，才能进入主景。长廊曲折、狭长，时而明时而暗，庭院清幽别致，移步换景，这一段长廊约六十米，成功地营造了以小衬大、以暗衬明、以少衬多的艺术对比手法。这一长廊把城市的喧嚣隔绝在外，使人们的情绪得到净化，升华到一个空灵悠然的山水境界。

北京颐和园

中国人向来都很重视室内的装修装饰，商周时期家具陈设为席、榻，汉朝变化为屏风、案、帷幕等。而且这一段较长的时期内，人们逐渐从跪坐发展到了垂足坐的形式。到了宋代，室内的布局和艺术形象都发生了极大的变化。一些高的家具已经定型，如高桌椅、高屏风，房间的空间也较大，室内的采光条件也明显改善。一直到明清时期，室内的装修装饰和家具浑

北京颐和园

然一体,共同作为一个整体来处理。在宫殿建筑起居室里,增加了移动的屏风和半开场的罩、博古架等,隔而未断,连而不接,突出了室内的空间感和层次感,这时也大量地使用天花和藻井,美轮美奂。

帝王的宫殿建筑富丽堂皇,却不允许一般居民家庭建筑装饰逾制,凡是宫殿等帝王的高级建筑所使用的材料、布局、室内的艺术处理手段，一般的平民百姓都不可以使用，否则就是蔑视皇权的威严。如北京的四合院都矮小整洁，而故宫、颐和园、北海等建筑外观都高大威武。宫殿建筑在艺术处理上都显得华丽高贵，而一般居民的房屋，只是以雕刻为主要的艺术处理来体现地位的高低和权力的大小。

中国古代建筑的色彩也是艺术处理的一个重要内容，但是随着不同民族和地区的不同而有区别，到明代时期，已经总结出一套完整的处理手法。春秋时期到南北朝，很长的一段时间里，建筑的色彩使用原色，虽然纯朴单调，但正是基于强烈的色彩对比，才在色彩调和方面积累了宝贵的经验，为以后其他朝代的色彩装饰打下了很好的基础。从南北朝到隋唐时期，宫殿及高级的建筑，多用白墙红柱，屋顶覆盖以灰、黑色瓦，少数用琉璃瓦。在柱、枋、斗拱上绘制彩画，不同的色彩互相调和配置，色彩应用更加灵活。宋金元时期，逐渐形成一套风格。在檐下用青、金、绿等色彩的彩画，门窗柱及屋顶多用黄绿各色，白石台基，红色的墙，具有古朴的韵味。这种类型到明清时期更加制度化，但整体呈现出变化多端的风格特点。由于气候、习俗、各地的风情等，也会有差异。南北方的建筑使用色彩上也有差别，在南方，四季常青，山明水秀，景色怡然，绿色掩映。房屋一般使用灰、黑等色彩，白墙灰瓦，栗、黑、墨绿色的梁架

结构形式

雨中春树人家

西双版纳傣族建筑

云南大理民居

结构形式

浙江永嘉蓬溪村民居

柱,和周围的环境或调和或成对比,秀丽雅淡、意蕴深远,婉转有情致。

中国的传统建筑始终都贯穿着木构架这条永恒不变的主线。木构架的形式主要有抬梁、穿斗、井干等形式,抬梁式是古代建筑中使用最为广泛的形式,也是中国古代建筑中高级的木构架形式。抬梁式往往能灵活地营造出各式满意的室内空间。在

雨中春树人家

一定的自然环境和社会条件下，建筑也呈现出各种各样多姿多彩的形式，一个民族总会形成自己独特的民族风情，在几千年的历史中，木结构建筑经久不衰，必定有自身独特的优势。广阔无垠的土地上处处是茂密的森林，木构件作为建筑的材料便于就地取材。木材料有很强的适应性，能适应不同地区的气候和环境。"墙倒屋不塌"，传统建筑是用木构架承重，墙体只起到围护作用。木构架有很强的抗震能力，本身具有韧性和柔和性。木材料的加工方便快捷，木材料的施工速度也较快，对一些构件的修缮也较快。当然，木材料也有很多的缺陷，如容易遭火灾，资源也会越用越少。但总体来说，木结构在华夏古建筑的历史中还是一种最理想的建筑材料。

　　现存的中国传统的木结构建筑，经历多少的修葺，风貌依旧，古色古香。许多经典的建筑虽然没有被完整地留存下来，但遗址的发掘，以及留存至今的古代绘画作品，都给我们留下了许多可供参考的依据，这些幸存的建筑依据，让我们欣慰，让我们庆幸，更让我们为之自豪。

"幽雅阅读"丛书策划人语

因台湾大学王晓波教授而认识了台湾问津堂书局的老板方守仁先生,那是2003年初。听王晓波教授讲,方守仁先生每年都要资助刊物《海峡评论》,我对方先生顿生敬意。当方先生在大陆的合作伙伴姜先生提出问津堂想在大陆开辟出版事业,希望我能帮忙时,虽自知能力和水平有限,但我还是很爽快地答应了。我同姜先生谈了大陆图书市场过剩与需求同时并存的现状,根据问津堂出版图书的特点,建议他们在大陆做成长着的中产阶级、知识分子、文化人等图书市场。很快姜先生拿来一本问津堂在台湾出版的并已成为台湾大学生学习大学国文课的必读参考书——《有趣的中国字》(即"幽雅阅读"丛书中的《水远山长：汉字清幽的意境》)一书,他希望以此书作为问津堂出版社问津大陆图书市场的敲门砖。《有趣的中国字》是一本非常有品位的书,堪称精品之作。但是我认为一本书市场冲击力不够大,最好开发出系列产品。一来,线性产品易做成品牌；二来,产品互相影响,可尽可能地实现销售的最大化,如果策划和营销到位,不仅可以做成品牌,而且可以做成名牌。姜先生非常赞同,希望我来帮忙策划。这样在2003年初夏,我做好了"优雅阅读""典雅生活""闲雅休憩"三个系列图书的策划案。期间,有几家出版社都希望得到《有趣的中国字》一书的大陆的出版发行权,方先生最终把这本书交给了我。这时我已从市场部调到基础教育出版中心,2004年夏,我将并不属于我所在的编辑室选题方向的"幽雅阅读"丛书报了出版计划,室主任周雁翎对我网开一面,正是在他的大力支持下,这套书得以在北大出版社出版。

感谢丛书的作者,在教学和科研任务非常繁重的情况下,成全我的策划。我很幸运,每当我的不同策划完成付诸实施时,总会有一批有理想、有追求、有境界,生命状态异常饱满的学者支持我,帮助我。也正是由于他们的辛勤工作,才使这套美丽的图文书按计划问世。

感谢吴志攀副校长在百忙之中为此套丛书作序并提议将"优雅"改为"幽雅"。吴校长在读完"幽雅阅读"丛书时近午夜，他给我打电话说："我好久没有读过这样的书了，读完之后我的心是如此之静……"在那一刻我深深地感觉到了一位法学家的人文情怀。

我们平凡但可以崇高，我们世俗但可以高尚。做人要有一点境界、一点胸怀；做事要有一点理念、一点追求；生活要有一点品位、一点情调。宽容而不失原则，优雅而又谦和，过一种有韵味的生活。这是出版此套书的初衷。

杨书澜

2005 年 7 月 3 日